Kim Suhyun

I decided to live as me

Kim Suhyun

I decided to live as me

Lebe nicht,
um die Erwartungen
anderer zu erfüllen

Aus dem amerikanischen Englisch
ins Deutsche übertragen
von Anne Rudelt

dtv

Die Zeit vergeht und alles ändert sich,
doch du wirst immer du selbst sein.

Inhalt

TEIL 6

Checkliste für ein gutes und bedeutsames Leben

Vorwort

Fünf Jahre sind vergangen seit dem erstmaligen Erscheinen von *I Decided to Live as Me.* Eine der meistgestellten Fragen seitdem ist: »Was brachte Sie dazu, dieses Buch zu schreiben?« Ich hatte eine Art Checkliste für das Leben: studieren, einen guten Job finden, heiraten, eine Wohnung kaufen, Kinder bekommen und eine Erwachsene mit gutem Geschmack und einem bequemen Lebensstil werden. Oder anders ausgedrückt: Ich wollte so leben wie alle anderen oder als würden alle anderen zuschauen.

Doch merkwürdigerweise (heute verstehe ich die Gründe natürlich), kam es nie dazu. Ohne die ersten meiner Punkte abzuhaken, konnte ich nie die darauffolgenden erreichen. Ich schämte mich dafür, die Checkliste meines eigenen Lebens nicht abarbeiten zu können.

Was hatte ich falsch gemacht? Hätte ich mehr auf den Rest der Welt hören, mich besser konzentrieren oder zu mehr Disziplin zwingen sollen? Oder hätte ich gar eine gänzlich andere Person sein müssen?

Während ich mich all das fragte, dachte ich plötzlich: *»Was, wenn es das nicht ist?«*

In dem Moment, als ich dachte: »*Was, wenn es nicht an mir liegt?*« begann ich, die Probleme unserer Gesellschaft wahrzunehmen.

In dem Moment, als ich dachte: »*Was, wenn meine Idealvorstellung von meinem Leben nicht die einzige Wahrheit ist?*«, begann ich, nach anderen Wahrheiten zu suchen.

In dem Moment, als ich dachte: »*Was, wenn die Mehrheit falschliegt?*«, entwickelte ich den Mut, als Schriftstellerin zu leben.

Dieses Buch begann mit dem Gedanken »*Was, wenn es das nicht ist?*« und mit all den Fragen und Antworten, die darauf folgten.

Dank dieser einen Frage fand ich viele Antworten und auch die Stärke, die Lügen, die mein Leben umgaben, loszulassen und mich selbst als diejenige anzunehmen, die ich war. Diese Erfahrung war derart befreiend, dass ich sie unbedingt mit Leserinnen und Lesern teilen möchte.

Dennoch hoffe ich, dass dieses Buch dir nicht das Gefühl vermittelt, als wollte ich dir etwas aufdrängen. Ich möchte nur, dass du anfängst, die Dinge zu hinterfragen, so wie ich es getan habe. Dass du einen Schritt zurücktrittst von den Konventionen unserer Gesellschaft und dich auf die Suche nach deinen eigenen Antworten machst.

An Tagen, an denen ich an diesem Buch gearbeitet hatte, machte ich mich abends ganz beschwingt und leicht im Kopf auf den Heimweg. Dieses Gefühl war so belebend, dass ich noch immer daran zurückdenke.

Ich hoffe, dieses Buch bringt auch dich zu diesem Gefühl. Auch nach fünf Jahren feuere ich euch alle auf den Wegen eures Lebens an. Viel Erfolg, ihr alle, habt weiterhin ein gutes Leben!

Kim Suhyun

Einführung

Rückblickend wird mir klar, war ich schon immer neugierig auf das *Warum*.

Wenn ich in der Schule aufgefordert wurde, etwas Bestimmtes zu tun, wollte ich stets wissen, *warum*. Damit galt ich als unbequem, aber es war die bloße Neugier, die mich antrieb. Ich musste einfach Fragen stellen und Antworten einfordern.

Dann wurde ich erwachsen und ich begann, mich klein und armselig zu fühlen. Eine Frau in unbestimmtem Alter mit unbestimmten Fähigkeiten. Ein schwammiger menschlicher Ausrutscher, ohne wirkliche Vorzüge oder Lorbeeren, auf denen ich mich hätte ausruhen können. Wie in aller Welt war ich zu solch einer schwammigen Erwachsenen geworden?

Ich überlegte, was schiefgelaufen sein könnte. Hatte ich in der Schule die falschen Fächer gewählt? Hätte ich mich an der Uni mehr bemühen müssen? Oder lag es daran, dass ich bestimmte Jobs hingeworfen hatte, anstatt einfach durchzuhalten?

Wie sehr ich mir auch das Hirn zermarterte, nichts von dem, was ich getan hatte, war wirklich falsch gewesen.

Natürlich hatte ich gelegentlich Fehler gemacht und war auch mal ziellos gewesen, aber gehörte das nicht einfach zum Heranwachsen dazu?

So wie ich als Schülerin immer nach Antworten verlangt hatte, wollte ich nun herausfinden, weshalb ich mich heute so armselig fühlte, obwohl ich auf den ersten Blick nichts falsch gemacht hatte.

Also las ich viele Bücher, nicht etwa, weil Lesen mein Hobby war, sondern weil ich Antworten finden wollte.

Warum kam ich mir selbst so unbedeutend vor? Warum genügte ich nicht? Und weshalb war ich so ein Niemand?

Schließlich kam ich zu dem Schluss, dass ich – auch wenn die Welt mir keinen großen Wert zuschreiben würde – doch Selbstrespekt haben und selbstbewusst als ich selbst leben muss.

Dieses Buch beleuchtet die Gründe für meine ursprünglichen Selbstzweifel und meine Reaktionen auf all das, was zu diesem Selbstbild führte.

Was ich im Lauf meiner Karriere geschrieben habe, mag schon dem einen oder der anderen Lesenden geholfen haben, in unterschiedlichem Maß. Was ich aber wirklich immer schaffen wollte, war eine Quelle für Heilung und Hilfe, die ein langfristiger Begleiter sein würde.

Ich möchte all jenen, die so wie ich sich selbst an allem die Schuld geben, sagen: Wir sind nicht schuld.

Es ist richtig, als du selbst zu leben.

Ziel

Für einen gewöhnlichen Menschen
ist es wichtig, loszulassen, was er nicht ist,
sich vom Urteil anderer nicht beeindrucken
zu lassen und genau so zu leben,
wie es ihm entspricht.

TEIL 1

Checkliste für ein Leben, das dich annimmt, wie du bist

Medizin, Jura, Wirtschaft und Technik
sind zwar durchaus edle Ziele und auch notwendig, aber Poesie, Schönheit, Romantik, Liebe
sind die Freuden unseres Lebens.

DER CLUB DER TOTEN DICHTER

Sei nicht freundlich zu jenen, die dir unfreundlich begegnen

Direkt nach dem College habe ich ein Praktikum gemacht. Die erste Chefin in meinem allerersten Job behandelte mich … ja, wie ihre persönliche Dienerin. Es war reine Schikane. Ich sollte den Bildschirm, der direkt vor ihrer Nase stand, um zehn Zentimeter verrücken. Sie beschimpfte mich auf das Übelste für die kleinsten Fehler. Es war mein erstes Angestelltenverhältnis, und weil ein Festvertrag in Aussicht stand, saß ich in der Patsche. Täglich erinnerte mich dieser Job daran, dass der *homo practicus* ganz unten in der Angestelltennahrungskette stand.

Lange nachdem ich dieses Praktikum beendet hatte, lag ich abends im Bett und blanke Wut überkam mich bei der Erinnerung daran.

Was mich am meisten empörte, war weniger ihr Verhalten als die Tatsache, dass ich einfach alles so hingenommen hatte. Sie war nicht über die Maße einflussreich gewesen, und dennoch hatte ich mich mit keinem Wort verteidigt. Damit hatte ich ihr Verhalten mir gegenüber nur noch zusätzlich befeuert.

Der Vergleich mag etwas hinken, aber diejenigen, die für ihren Einsatz in Südkoreas Demokratiebewegung gefoltert worden sind, quält nicht die Erinnerung an die erlittenen Schmerzen am meisten, sondern die an ihr eigenes Verhalten im Versuch, ihre Peiniger zu besänftigen.

Wir können nichts dafür, aber für unser Selbstwertgefühl ist unser hilfloses Hinnehmen von Ungerechtigkeiten viel schädlicher, als es die Ungerechtigkeiten an sich sind.

Denjenigen, die uns nicht freundlich begegnen, die uns nicht respektieren – denjenigen brauchen auch wir keinerlei Freundlichkeit entgegenzubringen. Selbst in erniedrigenden Situationen können wir uns einen Rest unserer Würde bewahren.

Selbst wenn wir die Situation nicht
ändern können, müssen wir
ein wenig Widerstand leisten,
um unsere Würde vor den schlimmsten
Menschen zu schützen.

Was Mobbern ihre Macht
gibt, ist nicht so sehr ihre
Stellung, sondern die hilflose
Freundlichkeit ihrer Opfer.

Kümmere dich
um deinen eigenen
Kram, verdammt
nochmal!

Bleib bei dir selbst, um dich nicht mies zu fühlen

Als ich erstmals in die schöne neue Welt namens Instagram eintauchte, spielte mir mein Feed zufällig eine Frau ein, deren riesige Brüste praktisch ihren gesamten Oberkörper bedeckten. Ihre Postings schrien Luxus. Sie war hübsch, dünn, teuer gekleidet und immer auf Reisen. Was mich dann aber schockierte, war weniger ihr ausschweifender Lebensstil als die Anzahl ihrer Follower.

Warum faszinierte sie so viele Menschen? Beim Anschauen ihrer Bilder dachte ich eher traurig an mein leckeres Kimbap aus dem Spätkauf, das es bei mir heute gegeben hat, oder an die Glitzertasche, die ich letztens für nur 8900 Won (= 5,94€) ergattert hatte.

Die Sozialen Medien machen es uns zu leicht, bei anderen Menschen und in deren scheinbar perfekten Leben herumzuschnüffeln.

Aber zahlen wir nicht doch auch einen Preis für unsere Neugier?

In seinem Buch *Mach's dir leicht: Die Kunst, sich das Leben nicht zu vermiesen* beschreibt Rafael Santandreu die voyeuristische Teilhabe am Leben anderer Menschen und den Vergleich des Gesehenen mit den eigenen Umständen als den einfachsten Weg, sich mies zu fühlen.

Möglicherweise betrachten wir aus reiner Neugier das Social-Media-Profil einer anderen Person, doch wir bezahlen dafür mit Frust. Die Befriedigung von Neugier bringt keine Zufriedenheit. All die Energie und Neugier sollten wir besser auf uns selbst verwenden.

Also sei jemand anderem ein Freund, aber nicht sein Publikum.

Mit Sicherheit ist die Realität unserer eigenen Erlebnisse wertvoller als die oberflächliche Zusammenfassung der Leben anderer.

Bleib bei dir selbst,
um dich nicht mies zu fühlen.

Lass dich nicht verletzen von jenen, die in deinem Leben nur vorbeiziehen

Je älter ich werde, desto häufiger stelle ich fest, dass sogar die Menschen, die man wirklich gerne sehen möchte, es kaum schaffen, Zeit für ein gemeinsames Mittagessen aufzubringen. Ganz zu schweigen von denjenigen, die man nicht mag oder anstrengend findet – wie meine Klassenkameradin Eunkyung oder Mr Park aus der Buchhaltung. Im Endeffekt sind sie alle Menschen, die nur vorbeiziehen.

Dennoch erlauben wir es uns, verletzt zu sein, wenn Menschen uns nicht treffen können, weil sie zu viel Arbeit haben oder wenn sie uns kritisieren – angeblich aus Sorge – und Beleidigungen als Fragen tarnen.

Verschwendung ist nicht nur, wenn man das Doppelte seines Gehalts für eine Luxustasche ausgibt oder seine Zeit damit verbringt, fanatisch das Leben eines Stars zu verfolgen. Auch die Zuwendung der eigenen mentalen Energie an diejenigen, die im eigenen Leben nur vorbeiziehen, ist Verschwendung.

Verschwende nicht deine Energie auf irgendeinen Chef, an dessen Namen du dich nicht einmal mehr erinnern wirst, wenn du gekündigt hast, oder an einen Verwandten, den du nur alle Jubeljahre triffst; nicht an irgendeine Zicke, die dich mit einem Lächeln auf den Lippen beleidigt und nicht an einen Kollegen, der ganz offensichtlich gegen dich arbeitet – und auch sonst an niemanden, der dir nichts bedeutet.

So ermüdend, ärgerlich und abscheulich
diese Leute auch sein mögen,
im Endeffekt sind sie in deinem Leben
nur Randnotizen.

Werde die Zahlen in deinem Leben los

Als ich einmal durchs Netz surfte, fiel mir eine Werbung auf, die mir anbot, meinen »Heiratswert« zu ermitteln. Entgegen meiner ersten Annahme handelte es sich dabei nicht um eine Wahrsagerseite, sondern um einen Heiratsvermittler. Man gibt sein Alter, seine Größe, sein Gewicht, sein Vermögen, das Einkommen usw. ein, um dann wie ein Rind auf der Auktion bepreist zu werden. Gibt es irgendeine KI, die koreanischer ist als das?

Wir versehen Dinge so gerne mit Zahlen, dass wir es einfach hinnehmen, uns selbst in Zahlen zu bemessen.

In diesem Leben-nach-Zahlen sind wir davon besessen, die richtigen Zahlen auf unseren Zeugnissen zu finden, unsere Zeit an denjenigen zu verschenken, der das größte Haus hat, und bei Streiks oder Protesten nicht die zugrunde liegenden Probleme zu beachten, sondern lediglich die Kosten, die entstehen. Wahre Werte gehen verloren, wenn nur noch Zahlen wichtig sind.

Die Sache mit Zahlen ist, dass man sie so wunderbar vergleichen kann. Für einen Kreis und ein Dreieck funktioniert das weniger gut als für die Eins und die Zwei. Im Endeffekt möchte das in Zahlen bemessende Leben uns miteinander vergleichen und aneinander messen.

Wir möchten in diesem Konstrukt mithalten, und überprüfen daher ständig unseren eigenen Platz in der Rangliste. Doch kann wirklich alles im Leben in Zahlen bemessen werden?

Ein Intelligenzquotient sagt nichts über Weisheit aus, die Anzahl von Freunden nichts über die Intensität unserer Freundschaften. Die Anzahl der Zimmer in einem Haus steht nicht automatisch für eine glückliche Familie, und jemandes Jahreseinkommen ist kein Spiegel seiner Integrität.

Wahre Werte lassen sich nicht in Zahlen messen. Streiche die Zahlen aus deinem Leben, wenn du du selbst sein möchtest und nicht jemand, der lediglich anderen ›überlegen‹ sein will.

Das, was im Leben wirklich zählt,
lässt sich nicht in Zahlen ausdrücken.

Alter
TOEIC-Ergebnis*
Größe
Notendurchschnitt
chulrangliste
Jahreseinkommen
Gewicht
Wohnungsgröße

Wer bist du ohne deine Zahlen?

*   Der *Test of English for International Communication* (TOEIC) ist
    ein Sprachtest für Internationales Businessenglisch und heute
    das größte internationale Sprachtestprogramm für Englisch,
    weltweit von Firmen in ihren Einstellungsverfahren genutzt.

 **Lass an dir abprallen,
was andere sagen**

Jungmi, eine meiner Leserinnen, die ich über Social Media kennenlernen durfte, ist eine wundervolle und warmherzige Person. Oft postet sie über ihren liebevollen Partner, und ihre Liebe hat meinen schwindenden Glauben an Beziehungen wiedererweckt. Dann aber hat irgendein Fremder einen Kommentar gepostet, in dem er fordert, sie möge »aufhören mit all dem Kuschel-Content«, es gebe auch Menschen, die nicht so viel Glück hätten wie sie.

Natürlich posten manche zu viel auf Social Media, aber ich versichere dir, sie ist keine von denen. Dieser Kommentar löste Zweifel in ihr aus. Doch der Fehler liegt beim Kommentierenden, der seine eigenen Themen nicht angegangen ist.

Es wird immer Menschen geben, die uns auf Basis ihrer Fehldeutungen missverstehen und angreifen. Früher waren sie beschränkt auf die Kommentarfunktion von Onlinemedien, heute ist es die Kommentarfunktion der Sozialen Medien.

Hier mein Rat, wie man mit solchen Menschen umgehen sollte: Wenn dich jemand kritisiert, mach dir bewusst, dass das nur die Meinung eines Einzelnen ist – und diese Einzelperson ist nicht unbedingt König Salomon oder Freud. Zweitens, anstatt wütend oder traurig zu sein, überlege, ob in der Kritik ein Körnchen Wahrheit steckt. Wenn dem so ist, sieh es als Chance für dich, an dir zu arbeiten. Wenn es aber etwas ist, das sich aus Themen desjenigen selbst ergibt, betrachte es einfach als das Bellen eines Hundes. Und wenn der Hund immer weiter bellt? Hör einfach nicht hin, sondern unternimm etwas dagegen.

Weswegen? Wegen Beleidigung? Nein, wegen Lärmbelästigung.

Zeige diese Seite einfach den Online-Trollen.
Merke: Ich weiß, wer du bist, aber wer bin ich?

 Lebe frei von Beleidigungen

Kürzlich sah ich ein Online-Posting voller Rechtschreibfehler. Sofort stürmten die Menschen die Kommentarspalte mit dem Wort »geukhyeom«, eine Kurzform für
»extrem widerlich«. Es erschloss sich mir nicht, was daran so widerlich sein sollte. Es ist ja nicht so, als seien
ein paar Rechtschreibfehler persönliche Beleidigungen
gegen König Sejong, den Erfinder des Hangul-Alpha-
bets. Waren die Fehler des Schreibenden wirklich diese Art von Empörung wert?

Es fällt uns heute viel zu leicht, einander zu hassen.

Dieser neue Zuwachs an Hass wird oft mit dem Zusam-
menbruch der Mittelschicht in Verbindung gebracht.
Dabei wird angenommen, dass diejenigen, die sich
selbst bedroht fühlen, anderen drohen, um den eigenen Status zu erhalten. Doch das ist nicht alles. Der
Hass ist zu umfassend und zu willkürlich, um nur darin
begründet zu sein. Schon für mein bloßes Dasein als
koreanische Frau werde ich als Kimchi-Bitch betitelt,
als karrieregeil, wenn ich nach meiner Eheschließung
weiterhin arbeite, anstatt meinen Job irgendeinem
Mann zu überlassen, als Übermutter, wenn ich ein Kind
in den öffentlichen Raum mitbringe, oder als Besser-
wisserin, wenn ich versuche, etwas zu erklären.

Der Autor Kim Chanho sagt, Menschen würden andere herabsetzen, um die Leere zu füllen, die sie fühlen, weil gut heute nicht mehr gut genug sei. Diese Beleidigungen entstünden aus dem Drang, sich überlegen zu fühlen, ein Gefühl von Unterlegenheit auszugleichen und die eigene Existenz zu rechtfertigen. Ist das nicht mitleiderregend?

Die Hater sind solidarisch vereint, decken gegenseitig ihre Unzulänglichkeiten und bestärken sich in ihrer verqueren Sicht auf die Welt. Diejenigen, gegen die sich ihr Hass richtet, spiegeln ihn zurück. Dies führt zu einem endlosen Wettstreit darüber, wer am meisten Hass verbreiten kann.

Ergibt sich jedoch wirklich irgendeine Form von Befriedigung aus der Erkenntnis, wie hasserfüllt wir alle sind? Dadurch fühlen wir uns nur unruhig und rastlos.

Ich bin fest überzeugt, dass niemand jemals glücklich sein kann in einer Welt, in der die Menschen einander ununterbrochen angreifen.

Wenn wir den Fettfleck nicht vom Kameraobjektiv entfernen, wird die Welt immer verschwommen bleiben.

*Im Aufzug eines Kaufhauses brach
ein Baby auf dem Arm seiner
Mutter in Tränen aus. Alarmiert
meinte die Mutter zu ihrer Tochter,
sie müsse nicht weinen. Sie blickte
zu mir und ich sagte ihr: »Das ist in
Ordnung.« Was ich sagen wollte,
war: »Ich kritisiere sie nicht. Ich
werde sie nicht beurteilen.«*

Es ist wirklich in Ordnung.

Es ist in Ordnung.

 # Rede dich nicht raus

Ich hörte einmal von einem Mann, der trotz seines Abschlusses an einer guten Uni keine Arbeit fand, weil er in der Studierendenbewegung aktiv gewesen war. Dafür hasste er den Kapitalismus und weigerte sich, in einem solch unfairen System zu arbeiten. Irgendwann hörte er gänzlich auf, nach einer Stelle zu suchen, und seine als Haushaltshilfe arbeitende Mutter finanzierte sie beide.

Die Logik dieses Mannes war eindeutig fehlerhaft. Er kritisierte den Kapitalismus für die Ausnutzung seiner Arbeitenden, nutzte aber selbst die Arbeitsleistung seiner Mutter aus. Sein Umfeld bemitleidete die Mutter und konnte nicht verstehen, weshalb er gar nicht versuchte, eine Arbeit zu finden. Wodurch war er so scheinheilig geworden?

Ich vermute, er hatte große Hoffnungen für sich selbst, nachdem er solch eine gute Schule absolviert hatte. Angesichts der Vorurteile ihm gegenüber bezüglich der Studierendenbewegung muss er frustriert und hilflos gewesen sein. Die Tatsache, dass er die Erwartungen der Gesellschaft an ihn selbst nicht erfüllt hat, wird seinem Selbstbewusstsein geschadet haben.

Herabsetzung und Wertlosigkeit gehören zu den Gefühlen, mit denen der Umgang am schwersten fällt. Viele Menschen, die darunter leiden, verstecken sich hinter Zynismus und schieben jegliche Schuld auf andere, um sich selbst zu schützen.

Nur genügen ihre Entschuldigungen nicht, um sich zu verteidigen. Nicht einmal sich selbst können sie mit ihren Ausflüchten überzeugen. Trotz aller Versuche, die Hilflosigkeit und die Scham zu verbergen, verfestigen sich beide unter der Oberfläche weiter.

Der Schriftsteller Kim Hyoung-gyeong nannte als Gegenteil von Liebe nicht Hass oder Wut, sondern Gleichgültigkeit. Ebenso ist das Gegenteil von Leben nicht der Tod oder das Altern – es ist die Abwehrhaltung. Diese Abwehrhaltung bringt die Menschen dazu, die Realität zu verleugnen und ein Scheindasein zu führen.

Lange hatte der Mann die Realität verleugnet. Vielleicht schien es ihm einfacher, sich als Märtyrer des Widerstandes zu geben, als sich seiner Schande zu stellen. Vielleicht hatte er Angst, unsere wertende Welt würde ihn verletzen.

Doch er hätte sein Leben nicht damit verschwenden sollen, darüber nachzudenken, was hätte sein können. Was auch immer die Gründe für seine Verbitterung gewesen sein mögen, er hätte sie loswerden und eine Bestandsaufnahme seiner selbst machen sollen.

Seine Collegezeit, als er aus der Welt einen besseren Ort machen wollte, sollte ihn mit Stolz erfüllen und er sollte akzeptieren, dass aus manchen Vorhaben nichts geworden ist. Nicht über seinen Mangel an Erfolg sollte er beschämt sein, sondern darüber, dass er außer Ausreden für sich selbst zu finden, nichts getan hat.

Selbst wenn dies nicht die Zukunft ist, auf die er gehofft hatte, selbst wenn er sich schämt – er muss seine Ausreden ziehen lassen und sich mit seinem wahren Selbst auseinandersetzen.

Das Wichtigste ist, dass nach einer solchen Selbsterkenntnis ein neuer Start wartet.

»Ich bin so erbärmlich.«
Angriffsziel innen

»Nein, es ist nicht
meine Schuld.«
Angriffsziel außen

Es ist wichtig, die Verbitterung loszulassen.

Denk dran, dass niemand das perfekte Leben hat

In der neunten Klasse sagte ein Junge zu mir: »Du hast ein leichtes Leben.« Ich nehme an, er war von meinem fröhlichen und freundlichen Wesen eingenommen. Doch tief in mir hatte ich die vielen Ängste aller Heranwachsenden und stritt immerzu mit meinen Eltern. Noch dazu beneidete ich eine andere hübsche und beliebte Mitschülerin um ihr scheinbar absolut perfektes Leben. Viele Jahre später war es genau diese Mitschülerin, die mir berichtete, dass die neunte Klasse das schwierigste Jahr für sie gewesen sei. Spannend – sowohl der Junge als auch ich haben eine Person auf die gleiche Weise falsch eingeschätzt. Weil sie hatten, was uns fehlte, haben wir ihre Leben für perfekt gehalten.

Wie gut können wir jemanden kennen? Es ist neiderfülltes Flüstern, das Jinmyeong begleitet, als sie in der letzten Folge der koreanischen Fernsehserie *Age of Youth* [geschrieben von Park Yeon-seon] für einen Monat nach China reist: »Ich wünschte, das wäre ich.«, »Ich wünschte, ich wäre reich geboren.« Doch die Wahrheit ist, dass Jinmyeong sechs Jahre auf den Tod ihres im Koma liegenden Bruders gewartet hatte, ehe sie jetzt ihre mageren Ersparnisse zusammenkratzte und abreiste.

Wir beurteilen einen Menschen nach seinem Äußeren, doch wir sehen lediglich die Spitze des Eisbergs – ebenso sehen andere nur einen Teil dessen, was uns ausmacht. Ganz besonders trifft das auf schwere persönliche Zeiten zu, die ein jeder hat, die andere jedoch nur selten wahrnehmen.

Erinnere dich stets daran, dass niemandes Leben perfekt ist. Manchmal genügt diese Erinnerung schon als Trost.

Weil er mich am Computer gesehen hat, schrieb mir ein Freund folgende Nachricht: »Du arbeitest immer so hart, du bist ein Vorbild.« Dabei hatte ich lediglich eine Paketsendung verfolgt.

Aus der Perspektive des verletzten Menschen

Meine eigenen Verletzungen scheinen größer
als die der Anderen.

 Nimm es voll und ganz an, gewöhnlich zu sein

Wenn ich als kleines Mädchen im Auto saß, war ich überzeugt, die Sonne würde mir überallhin folgen. Außerdem war ich sicher, eine magische Superheldin wie Sailor Moon zu werden, wenn ich groß war. Sicher würde man mich als wahnhaft diagnostizieren, wenn ich auch als Erwachsene noch so dächte. Dennoch nahm ich sehr lange Zeit an, dass ich als Erwachsene jemand ganz Besonderes werden würde, selbst wenn ich keine Superheldin wäre und die Welt vor allem Bösen rettete.

Doch ich wurde eine gewöhnliche Erwachsene. Mein Leben ist in keiner Hinsicht besonders, und viele Dinge belasten mich. Ich kann mir bei Weitem nicht all das kaufen, was ich möchte, und jeder Tag ist eine Wiederholung des vorangegangenen, immer weiter auf dem schmalen Weg, der mein Leben ist.

Der Moment, in dem dir bewusst wird, dass du einfach ein weiterer gewöhnlicher Erwachsener geworden bist – kurzum, wenn du deine Kindheitsträume ziehen lässt –, das ist der Moment, in dem wir beginnen, erwachsen zu werden.

Das kann ein trauriger, bitterer Moment sein, und doch ist es vielleicht die Pflicht eines jeden Erwachsenen, die eigenen Kindheitsfantasien abzuschütteln und sich selbst ein realistisches Leben zu erschaffen.

Vielleicht werde ich nie Sailor Moon werden und die Welt retten, nie mit Warren Buffet essen oder Professorin an der Sorbonne werden.

Vielleicht werden meine ehemaligen Klassenkameraden und Schulfreundinnen nie grün vor Neid werden, wenn sie an mich denken, vielleicht wird meine Familie nie voller Ehrfurcht von mir sprechen, als von jemandem, der der Familie Ehre macht.

Doch ich habe Bücher, die ich schreiben und Dinge, die ich lernen möchte. Ich möchte Zeit mit meiner Familie verbringen, Schwimmen lernen und stundenlang am Meer sein, möchte neue Menschen aus den verschiedensten Ecken des Lebens kennenlernen, die meinen Horizont erweitern.

Mein Leben hat viele Grenzen und wenige Garantien – abgesehen von Tod und Steuern, natürlich –, aber selbst ein gewöhnliches Leben wie das meine ist nicht frei von Verheißungen.

Du selbst zu sein, macht dich besonders,
nicht Überlegenheit.

Du bist im Erwachsenendasein angelangt, wenn du die gewöhnliche Natur deines Lebens annimmst und darin das findest, was dich erfüllt.

Nur wenn man das erreicht,
ist man wirklich erwachsen.

Erlaube niemandem, über dich zu urteilen

Meine Freundin hatte ein Blind Date und wurde gefragt, ob sie gern Golf spielen oder reiten würde. Damit sollten weniger ihre Hobbys als ihr ökonomischer Status erfragt werden.

Jemandes Finanzen einschätzen zu wollen, ist nicht immer schlecht – auch ich bin davon nicht frei. Doch es ist ein Unterschied, ob man Informationen als Grundlage einer Lebensentscheidung sammelt oder jemandem den Taschenrechner vorhält und seinen Wert auf Zahlen reduziert.

Diese Freundin erzählte mir auch von einem Mann, der sie ghostete, nachdem er herausgefunden hatte, wo sie lebt. Ein anderer hatte während des gesamten Dates versucht, herauszufinden, womit ihre Eltern ihr Geld verdienten. Sie fühlte sich, als müsste sie eine Prüfung bestehen und hatte Angst, beurteilt zu werden. Andererseits: Sollte ihr deren Urteil wirklich etwas ausmachen?

Mir persönlich ist es egal, wie reich jemand ist. Ich finde Menschen, die derlei Dinge berechnen, engstirnig und anmaßend, nicht sexy. An eine solche Person würde ich mich auf keinen Fall binden wollen.

Für sie bin ich vielleicht unzureichend. Doch für mich sind sie das ebenfalls.

Ich möchte jemanden, der mir ähnlich ist – schließlich können beide Seiten diese Beurteilungen abgeben. Wen also kümmert es, wenn jemand herausfinden möchte, ob ich finanziell mithalten kann?

Das ist so lächerlich. Ich lehne euch ebenfalls ab, ihr Ablehner.

WEN KÜMMERT'S?
Hab nicht gefragt, ist mir egal.

Verwechsle nicht Bescheidenheit und niedrigen Selbstwert

Nach meiner ersten Veröffentlichung nannten meine Freunde mich »Schriftstellerin Kim«. Ich fasste das als Neckerei auf – ich habe mich selbst nicht wirklich als Schriftstellerin gesehen. Diese Bezeichnung fühlte sich in Bezug auf mich immer merkwürdig an, selbst wenn das Wörterbuch eine Schriftstellerin schlicht als »eine Frau, die schreibt,« definiert.

Dann hörte ich eine Geschichte von einem Touristen, der in einer europäischen Kneipe einen Barkeeper trifft. Der Barkeeper stellt sich selbst als Dichter vor und der Tourist fragt: »Haben Sie eine Gedichtsammlung veröffentlicht?« Der Barkeeper antwortet: »Nein, habe ich nicht. Ich bin Dichter, weil ich Gedichte schreibe.«

Wie kann ich selbst zu unsicher sein, um mich selbst als Schriftstellerin zu bezeichnen, selbst nach zehn veröffentlichten Büchern, wenn jemand anders, der noch nie ein Buch veröffentlicht hat, sich selbst einen Dichter nennt? Abgesehen von Persönlichkeitsunterschieden spielen auch kulturelle Unterschiede eine Rolle. Im Westen, wo Individualität und Freiheit besonders betont werden, bringt man Kindern bei, sich selbst für besonders zu halten.

In Korea stellen wir die harmonische Gemeinschaft über die Persönlichkeit des Individuums. Aus diesem Grund haben wir beim Eintritt in die Grundschule sofort ein Schulfach namens »Anständig leben« – dabei geht es nur darum, mit anderen auszukommen.

Es wird uns abgewöhnt, uns für besonders zu halten und unsere eigenen Gefühle zu priorisieren, stattdessen sollen wir uns selbst herabsetzen und den Gefühlen der anderen mehr Aufmerksamkeit widmen.

Das ist die kulturelle Grundlage für die gesteigerte Fähigkeit der Koreaner, »den Raum zu lesen« – *nunchi* – und für unsere vermeintliche Bescheidenheit, die einer Selbstherabsetzung gefährlich nahekommt.

Eben weil uns diese Werte von klein auf beigebracht werden, sitzt es uns in Fleisch und Blut, unser *nunchi* zu nutzen und mit unserer Bescheidenheit unsere Qualifikationen herunterzuspielen, um uns nur nicht der Überheblichkeit verdächtig zu machen. Immer hinterfragen wir unseren Wert als Individuen. Und natürlich sind Bescheidenheit und Rücksichtnahme auf andere Menschen Tugenden. Doch auch eine Tugend wird zum Gift, wenn sie überhandnimmt.

Der wahre Wert liegt im gegenseitigen Respekt, nicht in der Herabsetzung unseres Selbst, bis wir uns wert-

los fühlen. Es ist ganz sicher keine Tugend, sich zulasten der eigenen Gefühle wegen der Gedanken anderer zu sorgen. Übertreib es nicht mit *nunchi* und lass deine Bescheidenheit nicht zu niedrigem Selbstwert werden.

Du selbst solltest die Person sein, vor der du den meisten Respekt hast.

Du brauchst ein bisschen Ego und eine Handvoll Egal – friss, Vogel, oder stirb!

 Kämpfe für dein Recht auf Selbstwertschätzung

Auf Social Media sah ich ein Posting, das einen Gast zeigte, der auf die Bedienung in einem Restaurant gedeutet und dann zu seiner Tochter gesagt hat: »Wenn du nicht fleißig lernst, endest du wie sie.« Die Servicekraft war sauer über diese hingeworfene Beleidigung. Sie sagte, sie arbeite in dem Restaurant, um Erfahrungen zu sammeln und studiere sogar an einer erstklassigen Universität. Als dann chinesische Gäste Platz nahmen, bediente sie diese in fließendem Mandarin. Der Gast, der zuvor auf sie gezeigt hatte, war sprachlos.

In den Kommentaren unter dem Posting wurde in erster Linie der Kunde kritisiert. Inwiefern unterscheiden sich jedoch Gast und Bedienung? Es war der Servicekraft ausgesprochen wichtig, deutlich zu machen, dass sie keine gewöhnliche Kellnerin sei, sondern den Job nur mache, um Erfahrungen zu sammeln. Sie war empört und betonte, sie habe es nicht verdient, »wie eine Kellnerin« behandelt zu werden. Denn sie empfand sich denen, die »nicht fleißig lernen«, als überlegen.

Im Internet sind seit einer Weile Motivationssprüche populär: »Willst du Spaß am College haben oder in einer Fabrik arbeiten?«, »Ein guter Abschluss bestellt das Hühnchen, ein schlechter frittiert es und ein fehlender liefert es aus.« Hier werden Tätigkeiten in der Lebensmittellieferung oder in Fabriken zu einer Strafe für Faulheit herabgesetzt und ehrliche Arbeit als degradierend dargestellt. Memes wie diese zeigen deutlich, wie stark sich Klassendiskriminierung in unsere Psyche eingebrannt hat.

Die Wurzeln der Diskriminierung reichen tief. Es sind uralte Hierarchien, in denen die Herrschenden ihren Status haben und die Beherrschten herabgesetzt werden, trotz unserer Abhängigkeit von dem, was die Arbeitenden erschaffen, die in der modernen kapitalistischen Gesellschaft wiedergeboren worden sind. Diese Dynamik ist es, die es so schwer macht, die Einkommensunterschiede zwischen bestimmten Berufsgruppen auszugleichen. Dies wiederum führt zur Bewahrung alter Vorurteile.

Wie zeigt sich dieses Problem genau?

1

Es reicht viel tiefer als nur bis zur einfachen Verletzung des Menschenrechts auf Gleichheit. Kinder, die konstant daran erinnert werden, was geschieht, wenn sie nicht lernen, werden darauf geprägt, ausschließlich erfolgreiche Karrierefrauen oder Geschäftsmänner aus Fernsehfilmen als angemessene Vorbilder zu betrachten.

Zudem sind viele körperlich arbeitende Menschen tatsächlich Diskriminierung und Belästigung in ihrem Arbeitsumfeld ausgesetzt.

Wie sollen diejenigen, die mit der Erwartung aufgewachsen sind, ihr Leben würde dem in einer Seifenoper gleichen, und die sich nun aber in Jobs wiederfinden, auf die herabzublicken sie erzogen wurden, je zufrieden sein?

Der Irrglaube an künftige Großartigkeit und systemische Diskriminierung treffen dann aufeinander in Form von Scham über die eigene Gewöhnlichkeit. Wie unannehmbar, dass man nun wie *diese Menschen* sein soll. So entsteht Selbsthass.

2

Diskriminierung von Arbeitenden hat viele Gesichter. Jeder, der vor körperlicher Arbeit zurückschreckt, bringt sich um einige der Freuden des Lernens und des Respekts für ehrliche Arbeit und Schönheit. Solch eine Person studiert lediglich aus Sorge und Angst; sie gehört zu jenen, die Motivationssprüche an den Wänden hängen haben. Doch wenn jemandes einzige Motivation aus Sorge oder Angst entspringt, kann nichts die daraus folgende Erschöpfung verhindern. Der schädliche Druck, den Eltern auf ihr Kind ausüben, wird zu chronischer innerer Angst und Erschöpfung.

Angenommen, du erreichst, was du möchtest. Fühlt es sich nach »genug« an? Leistung, die auf Vorurteilen beruht, erzeugt nur Arroganz. Ein ausgeprägtes Selbstbewusstsein ohne wahre innere Stärke ist, als stünde man ohne Geländer auf dem Dach eines Wolkenkratzers: Man fühlt nur die andauernde Angst, abzustürzen. Und je größer das Ego, desto tiefer der Fall. In einer Kolumne wurde geraten, dass Menschen eine weiche Landung, eine bessere Sturztechnik anstreben sollten, wenn sie mit Widrigkeiten konfrontiert werden. Doch Koreaner verweigern schlicht den Sturz, und sollte er doch unvermeidbar sein, dann erwartet uns am Boden ein fürchterliches Erwachen.

Das Leben wird immer voller Hochs und Tiefs sein, doch für jene Menschen mit internalisierten Vorurteilen und Selbstzufriedenheit wird jedes Tief zu einem tragischen Sturz. Wer diskriminiert wird, wird beschämt, und wer diskriminiert, wird ängstlich. Im Endeffekt bringt Diskriminierung niemanden weiter.

Wenn du konstant deinen Angstvorrat wieder auffüllst oder dich dafür schämst, ein Leben zu leben, das so anders ist als jenes, das du dir erträumt hattest, dann musst du dir selbst die Wahrheit eingestehen: Es gibt viele Wege, sein Leben zu leben, und kein Lebensweg ist falsch.

Lebe und lerne so fleißig, wie du möchtest. Niemand hat das Recht, den Lebensweg eines anderen herabzusetzen.

Wir alle haben das Recht darauf, unseren Lebensweg respektiert zu wissen.

Mit schlechten Zensuren wird aus dir nichts.

Drohungen verursachen bei deinem Kind nur Angst.

TEIL 2

Checkliste für dein Leben mit dir selbst

I'd rather be hated for who I am,
than loved for who I am not.

KURT COBAIN

 Sei dir deines Wertes bewusst

Der bekannte Philosoph Alain de Botton beschreibt das Erwachsensein als das Abstecken unseres eigenen Reviers in einer von zynischen und oberflächlichen Menschen dominierten Welt. Meiner Erfahrung nach ist das Leben kein Märchen. Es gibt so viel Grausamkeit, dass darüber wütend zu sein aussichtslos ist. Und auch wenn ich mich bemühe, meine oberflächlichsten materialistischen Begierden zu überwinden, so zerkrümelt meine Willenskraft doch wie ein alter Keks.

Darum heißt es, man brauche ein ausgeprägtes Gefühl für seinen eigenen Wert, um die Bewertungen anderer Menschen ausblenden zu können. In der Theorie verstehe ich das, die Umsetzung jedoch finde ich schwierig.

Dein Selbstwertgefühl wird stark davon beeinflusst, wie du aufgewachsen bist. Es kann durch Misshandlungen, durch ständiges Verspottet-Werden, durch Vernachlässigung, Kritik und einen allgemeinen Mangel an Zuneigung geschwächt sein.

Das bedeutet jedoch nicht, dass dein Selbstwertgefühl nun so bleiben muss. Mit der Zeit kann es sich verändern. Nathaniel Branden, der dieses Konzept zuerst entwickelt hat, nannte als zwei der sechs Säulen des Selbstwertgefühls Eigenverantwortlichkeit und Selbstakzeptanz. Eigenverantwortlichkeit ist eine Form des Glaubens an sich selbst und der Selbstsicherheit, die mit der Fähigkeit, die eigenen Alltagsprobleme zu meistern, einhergeht, während Selbstakzeptanz bedeutet, sich selbst als würdig für Liebe und Respekt anzuerkennen.

Doch leben wir überhaupt in einer Gesellschaft, die uns Selbstwertgefühl zugesteht? Sogar wenn du in einem gesunden Umfeld aufgewachsen bist, kann es dir passieren, dass deine Bewerbung um einen Job abgelehnt wird. Und sogar wenn du dann trotzdem irgendwann als Rädchen in einer riesigen Unternehmensmaschine arbeitest, fühlst du dich vielleicht so unbedeutend, dass das ganze Gerede von Selbstwertgefühl ziemlich albern wirkt.

In einer Gesellschaft, die geradezu begierig darauf ist, uns als besser oder schlechter einzustufen, kann es wie Selbsttäuschung scheinen, sich zu ermutigen, das eigene Selbst so anzunehmen, wie es ist. Die Welt ist zu einem Ort geworden, der zunehmend feindseliger auf Selbstwertgefühl und Selbstbehauptung reagiert.

Wie können wir das überwinden und uns unseren Platz in dieser zynischen Welt sichern? Dafür müssen zwei Voraussetzungen erfüllt werden.

Zuallererst ist gegenseitiger Respekt grundlegend. Respekt sollte keine seltene Ressource sein. Schließlich kostet es doch rein gar nichts, jemanden zu respektieren. Wenn Respekt so normal wird, dass er für alle reicht, dann müssen wir nicht mehr so stark darum kämpfen, ihn zu erhalten. Lasst uns Respekt zum Allgemeingut machen. Lasst uns einander mit Respekt befeuern. Lasst uns anderen und uns selbst mit gleich viel und bedingungslosem Respekt begegnen, anstatt Respekt so selektiv einzusetzen, dass er auf Basis von Rang und Beruf, von Einkommen und Erscheinungsbild diskriminiert.

Die zweite Voraussetzung ist, wahres Selbstwertgefühl als Individuum grundlegend zu verstehen und zu erreichen. Dafür musst du wahres von falschem Selbstwertgefühl unterscheiden und das Konzept vollständig verstehen. Selbstwertgefühl ist nicht die Arroganz, die auf Überlegenheit basiert oder die vergängliche Befriedigung, wenn man wiedererkannt wird.

Der Kern des Selbstwertgefühls ist der Glaube an sich selbst und die Überzeugung, des Glücks wert zu sein. Das gehört nicht zu jenen Dingen, die man sich schlicht herbeiwünschen kann. An sich selbst zu glauben, ohne dafür etwas zu tun, ist schwierig, und es ist gar unmöglich, wenn man sein Leben entgegen den eigenen Überzeugungen führt.

Selbstwertgefühl ist die innere Stärke, die dem Glauben an dich selbst entspringt, die entsteht, wenn du dein eigenes Selbst bist und entsprechend deinen eigenen Überzeugungen lebst, aktiv wirst und die damit zusammenhängenden Verantwortlichkeiten übernimmst.

Eine Dokumentation des koreanischen Bildungsfernsehens EBS, *My Kid's Personal Life,* begleitet Experimente, die den Effekt der Eltern auf das Selbstwertgefühl ihrer Kinder aufzeigen. Kinder erhalten ein Puzzle, das sie lösen sollen. Diejenigen, deren Eltern direkt einspringen, um zu helfen, entwickeln nur ein niedriges Selbstwertgefühl, während diejenigen, deren Eltern abwarten und sie es allein schaffen lassen, ein höheres Selbstwertgefühl entwickeln. Der Glaube an und der Respekt für sich selbst – die Hauptkomponenten des Selbstwertgefühls – entstehen, wenn wir uns eigene Ziele setzen und eigenständig Probleme lösen. Wie auch das Experiment uns zeigt, ist das Selbst im Mittelpunkt am wichtigsten.

Für die Entwicklung deines eigenen Selbstwertgefühls musst du deine eigenen Bedürfnisse kennen, anstatt

Bei anderen nach Bestätigung zu suchen, bedeutet,
die Kontrolle über das eigene Leben abzugeben.

dich von den Meinungen anderer beeinflussen zu lassen. Der erste Schritt zu einem gesunden Selbstwert
ist klar: *Lebe dein Leben als du selbst.*

Lass uns herausfinden, was das wirklich bedeutet.

Los komm, folge mir.

Such dir dein Leben selbst aus

Immer, wenn in einem Film ein Mann sagt: »Das passt gar nicht zu dir«, funkelt die Frau, mit der er spricht, ihn an und erwidert: »Was ›passt‹ denn dann zu mir, deiner Meinung nach?« Sie hat nicht unrecht. Ich verstehe, dass ich mein eigenes Leben leben soll, doch was genau bedeutet das? Und warum ist es so schwer, das herauszufinden?

Der Psychologe James Marcia bestimmt vier Stadien der Identität auf dem Weg zur Erkenntnis des eigenen Selbst: übernommene Identität, diffuse Identität, kritische Identität und erarbeitete Identität. Studien mit Koreanern stufen die meisten von uns [74,4 Prozent] auf dem niedrigsten Level der übernommenen Identität ein.

All jene in diesem Stadium unterwerfen sich gesellschaftlichen Normen. Dieses Identitätsstadium wird als das niedrigste bezeichnet, weil die, die sich darin befinden, keine Krisenerfahrungen haben.

Ein Leben ohne Krisen? Das mag großartig klingen, doch hierbei geht es nicht um Liebeskummer oder Regen im montäglichen Berufsverkehr. Es geht um einen Mangel an innerer Auseinandersetzung mit Zielen, Werten und Überzeugungen.

Woher kommt dieser Mangel an innerer Auseinandersetzung? Er ist typisch für eine Kultur, in der die Erkundung und Hinterfragung des eigenen Selbst nicht gern gesehen sind.

Der Konfuzianismus, die Kernphilosophie Koreas, definiert Individuen entsprechend ihrem Platz in der Gesellschaft: Die Identität einer Person wird bestimmt durch die Rolle, die sie übernimmt. Zu lernen, welche Rolle das ist und wie man sie erfüllt, wird der Selbstbetrachtung oder der Neugier vorgezogen. Mit anderen Worten: Ein schönes Leben bedeutet, sich in die gesellschaftlichen Standards dessen, was ein schönes Leben ausmacht, einzufügen.

Entsprechend sind wir es mehr gewohnt, den Erwartungen unserer Eltern entsprechen zu wollen, als unsere eigenen Identitäten herauszubilden. Viele von uns haben nicht die geringste Vorstellung davon, wer sie sind, geschweige denn wirkliche Überzeugungen oder eine Lebensphilosophie. Der entscheidende Faktor, warum dieses Problem weiterbesteht, ist ein Bildungssystem, das sich der Gedankenfreiheit verweigert.

Als Kindern wird uns gesagt, wir seien zu dumm, um selbst zu denken, und wir werden dazu gebracht, uns minderwertig und unterlegen zu fühlen. Viele Eltern verweigern ihren Kindern Autonomie, weil sie sie ebenfalls auf diese Art betrachten. Damit verweigern sie ihnen den *Prozess*, zu Erwachsenen zu werden. Weil man ihnen diesen *Prozess* des Erwachsenwerdens verweigert hat, erfahren diese Kinder schließlich nur den *Zustand* des Erwachsenseins. So neigen sie dazu, Angst davor zu haben, Entscheidungen zu treffen und ständig um die Hilfe von Mentoren oder Elternfiguren zu ersuchen.

Doch inspirierende Charaktere wie Pomnyun Sunim und Dr. Oh Eun-young werden dich nicht retten. Als du selbst zu leben, bedeutet, zu lernen, selbst zu urteilen und zu entscheiden.

Zum Beispiel bedeutet die Arbeit als Freiberufler nicht zwingend, du selbst zu sein, ebenso wenig wie es ein spaßiges Hobby tut. Als du selbst zu leben, bedeutet, dich selbst zu verstehen und jedes Urteil sowie jede Entscheidung auf Basis dessen zu treffen, was du bist.

Es spielt keine Rolle, ob der Weiseste aller Weisen sich in deinem Nachbarhaus niederlässt – deine Entscheidungsfindung darfst du nie in die Hände eines anderen legen. Deine endgültigen Entscheidungen müssen in erster Linie auf der Datenbank beruhen, die sich aus deiner Vergangenheit speist, aus der Weisheit, die deinen früheren Fehlern entstammt, und deinem inneren Kompass.

Erst wenn diese Krise überwunden ist, kann endlich ein Leben beginnen, in dem du an dich selbst glaubst und dich selbst respektierst.

> Vertrau mir und komm mit.

> Beeile dich!

> Wo bin ich?

Wenn du nicht deinen eigenen Weg gehst,
verläufst du dich.

Überlege dir beizeiten, was dich glücklich macht

Wenn ich in Colleges spreche, höre ich immer wieder diesen einen Satz: »Ich weiß nicht, was ich machen möchte.« Ich beantworte das immer mit einer Frage: »Hast du schon mal etwas getan, weil es dir Spaß gemacht hat?« Wie viele Dinge hast du gemacht, weil du Lust dazu hattest, nicht weil du sie erledigt haben wolltest? Wir lernen, um aufs College zu gehen, dann arbeiten wir hart für den perfekten Lebenslauf. Ist es denn wirklich verwunderlich, dass wir keine Vorstellung davon haben, was wir nur für den Selbstzweck gerne tun, wenn wir dazu erzogen wurden, unser ganzes Leben lang unsere Bedürfnisse zu unterdrücken?

In einer Fernsehsendung über kindliche Identitäten und Selbstwertgefühl wurde ein »liebes« Kind vorgestellt, das gern anderen half. Als es von den Produzenten gefragt wurde, was es gern tun würde, sagte es »Mama helfen« oder »Papas Auto waschen«. Gefragt, was es unbedingt für sich *selbst* tun wollen würde, konnte es keine Antwort geben.

Wenn du immer nur Dinge tust, die andere von dir erwarten und deine eigenen Bedürfnisse unterdrückst, verlierst du das Gefühl dafür, was du wirklich möchtest.

Dein wahres Glück bleibt ein unerforschtes, geheimnisvolles Land.

Wenn du das nicht möchtest, musst du lernen, zu unterscheiden zwischen dem, was du tun musst, und dem, was du tun möchtest, um das Gefühl dafür wiederzuerlangen, wer du bist.

Jetzt ist genau der Zeitpunkt zur Beantwortung der Fragen, die du aufgeschoben hast. Wer bist du, und was macht dich aus?

Hinterfrage das scheinbar Offensichtliche

Es waren einmal ein Paar, ihr Sohn und die Mutter des Ehemannes und sie lebten in einem Dorf, in dem die Ehefrau auf dem Feld arbeitete. Eines Tages kam die Frau heim und stellte fest, dass die senile Mutter Hühnersuppe zum Mittagessen zubereitet hatte. Dankbar öffnete sie den Kochtopf und fand darin ihren Sohn statt eines Huhnes. Ihre senile Schwiegermutter hatte das Baby anstatt eines Huhnes gekocht. Die Ehefrau beruhigte sich, kochte ihrer Schwiegermutter ein Hühnchen und beerdigte ihren Sohn. Das klingt, als stamme es aus einem Kriminalfilm, doch es ist wirklich geschehen. Eine geschnitzte Tafel aus der Joseon-Dynastie [1392–1910] erinnert daran.

Warum wird die Geschichte dieses grauenvollen Kindsmords weitergereicht, als wäre sie eine seelenwärmende Erzählung von einer aufopferungsvollen Tochter?

Damals waren es die Menschen gewohnt, ihre Emotionen so stark zu unterdrücken, dass selbst dieses extreme Beispiel von Frömmigkeit als Tugend betrachtet wurde. Ganz gleich wie empörend oder schmerzhaft etwas war, zur Bewahrung der »Harmonie« war kein Opfer zu groß.

Auch in meiner Jugend war Gehorsam eine Tugend. Bei Regen oder Sonnenschein, krank oder verletzt, um die Anwesenheitsbescheinigung zu erhalten, musste man zur Schule gehen, und über der Tafel hing der gerahmte Klassenleitspruch »WORK HARD«. Diesen Slogan hatten wir, weil Korea sich in seiner industriellen Hochphase befand und die Herstellung von Waren und Exportgütern mehr Disziplin und Beständigkeit brauchte als Kreativität und Individualität.

In solch einer Welt kann ein Kind schon mal im Kochtopf landen, während seine Mutter als Vorbild gepriesen anstatt wegen Vernachlässigung eingesperrt wird. Ein Kind, das mit hohem Fieber zur Schule geht, wird als Musterschüler gefeiert. Die Sitten dieser Gesellschaft verwandeln Gruselgeschichten in Lobreden und Gewalt in Ehre.

Wir leben noch immer so, als wären soziale Normen universelle Wahrheiten. Doch unsere Werte bilden sich in unseren individuellen Wahrheiten ab, und um unser Leben zu leben, brauchen wir nicht essenziell soziale Normen, sondern unsere eigenen Überzeugungen. Was können wir also tun?

Von einer Freundin, die in den USA Wirtschaftswissenschaften studiert, hörte ich, dass ihre Universität einen Kurs namens *Unlearning Class* anbietet. Dabei handelt es sich um eine Art Bootcamp, in dessen Verlauf die Studierenden all die falschen Wirtschaftstheorien wieder vergessen sollen, die sie zuvor gelernt hatten.

Bei der Auseinandersetzung mit den berühmtesten Denkerinnen und Denkern der Welt suchen wir nach Schwachpunkten in ihren Theorien – so schreitet Wissen voran. Was wir als gesetzt erlernt haben, müssen wir hinterfragen, herausfinden, ob unsere Glaubenssätze wirklich die unseren sind, oder ob es andere Menschen waren, die sie uns nahegelegt haben. Wir können nur dann einen Schritt in die Zukunft gehen, wenn wir hinterfragen, woran wir unser ganzes Leben geglaubt haben.

Um unsere antrainierten sozialen Normen
durch unsere eigenen Überzeugungen
zu ersetzen, brauchen wir unser eigenes
Unlearning-Bootcamp.

Nichts hält dich gefangen.

✓ Lebe nicht, um anderen zu gefallen

Ich arbeite nicht in einem Unternehmen. Nicht, weil ich mich mit großer Geste dagegen entschieden hätte oder Ähnliches, sondern weil es da etwas gab, worüber ich schreiben wollte, also entschied ich, erst danach über eine Anstellung nachzudenken. Doch dann ... plötzlich fragte ich mich, wie ich eine solch wichtige Entscheidung so nebenbei hatte fällen können.

Wahrscheinlich lag es an der Art, wie meine Eltern mich erzogen hatten. Ich musste mich nie übermäßig darum bemühen, ihre Erwartungen zu erfüllen. Zu all meinen Entscheidungen äußerten sie ihre Meinung, doch in letzter Instanz unterstützten sie mich stets. Anders als ich, die ich all meine Zeit mit dem Lesen von Manhwa-Comics verbracht habe, war meine ältere Schwester eine Spitzenschülerin, und dennoch verglichen sie mich niemals mit ihr, kein einziges Mal. Niemals hatte ich Angst, ihre Zustimmung zu verlieren, und so gewöhnte ich mich daran, eigene Entscheidungen zu treffen.

Natürlich spürte ich trotzdem ein wenig Druck, weil ich wollte, dass sie gut von mir dachten. Doch davon befreite ich mich schon bald, denn ich verstand, dass mehr Druck nicht zu mehr Liebe führte. Als ich Mitte zwanzig war, sagte ich ihnen mitten in einem gemeinsamen Abendessen: »Vergesst eure Erwartungen und betrachtet mich einfach, als wäre ich eure Untermieterin.«

Sie waren aufgebracht und warfen mir vor, undankbar dafür zu sein, wie sie mich aufgezogen hatten. Doch ich blieb dabei, sie sollten mich eher als ihre Mieterin betrachten. Natürlich wäre ich gern die perfekte Tochter gewesen. Wir alle hätten gern stolze Eltern und geben viel dafür. Doch wenn wir von unseren eigenen Erwartungen erdrückt werden, wird sie das auch nicht glücklich machen. Egal, wie sehr du dich bemühst, um sie stolz zu machen, manche Dinge sollen einfach nicht sein.

Einzig die Verantwortung für uns selbst liegt in unserer Hand, ebenso wie die Hoffnung – nicht die Erwartung –, unser Leben so zu führen wie unsere Eltern sich das wünschen. Doch es ist kein Zeichen von Liebe, wenn wir unser Leben nur mit der Zufriedenheit unserer Eltern im Sinn führen; stattdessen führen wir so das Leben von Schuldnern. Es ist ebenso sehr an uns, die Verantwortung für unser eigenes Leben zu übernehmen, wie an unseren Eltern, zu verstehen, dass ihre Kinder nicht zur Erfüllung der eigenen Zufriedenheit existieren.

Wenn es finanzielle Schulden bei deinen Eltern sind, die dich belasten, dann versuch, sie zurückzuzahlen. Wenn du Mieter oder Mieterin sein möchtest, dann musst du für Kost und Logis aufkommen. Aber verschreib den anderen nicht dein ganzes Leben.

Die einzigen Erwartungen, die du erfüllen musst, sind deine eigenen.

Mein Weg oder kein Weg.

Sei niemand anders als du selbst

In der zweiten Klasse wurden wir gefragt, was wir werden möchten, wenn wir groß sind. Weil ich zuvor von Marie Curie gehört hatte, sagte ich, ich würde Forscherin wie sie werden wollen. Damals wie heute gab und gibt es niemanden, bei dem eine Karriere als Forscherin weniger wahrscheinlich wäre als bei mir, doch in der zweiten Klasse kann man einfach sagen, was man möchte. Für eine Neunjährige wäre es merkwürdiger gewesen, zu sagen, sie wolle in einer Handelsgesellschaft oder als Buchhalterin in einem Unternehmensnetzwerk arbeiten.

Doch auch im Älterwerden drehen sich unsere Träume häufiger darum, was wir *werden* wollen als darum, was wir *tun* wollen.

Einmal unterhielt ich mich mit einem Dermatologen, der eine Medizinhochschule in Seoul besucht hatte und nun in der wohlhabenden Gegend von Gangnam arbeitete. Während unseres Gesprächs war mein Eindruck, er würde an nichts anderes als an seine Arbeit denken, er habe keine eigene Persönlichkeit oder Weltsicht. Mein Eindruck von ihm war der eines Kindes, das nicht erwachsen geworden war. Ich fragte ihn, ob er glücklich sei. Ohne zu zögern, verneinte er das. Von außen betrachtet, so sagte er, könne man denken, er habe einen großartigen Job, doch eigentlich wünschte er sich, eine bessere Schule besucht zu haben und an einer größeren Klinik zu arbeiten.

Viele Menschen in Jobs mit hohem Ansehen scheinen in Wahrheit unglücklich zu sein. Er war einer davon.

Während seiner gesamten Kindheit hatte der Dermatologe gelernt, und die Medizinhochschule hatte er nur besucht, weil er dort einen Platz bekommen konnte. Während seines gesamten Studiums und seiner Zeit als Assistenzarzt hatte er nie gewagt, über andere Möglichkeiten für sich selbst nachzudenken.

Wieso war er nicht glücklich? Er hatte Status, finanzielle Sicherheit und die Anerkennung anderer erreicht, ohne je nach innen zu schauen, darum fühlte er sich innerlich leer. Ihm war nur wichtig gewesen, Arzt zu werden. Seine berufliche Identität war für ihn zur Erfüllung der inneren Leere und zum Ausgleich seines geringen Selbstbewusstseins notwendig.

Und doch blieb er unglücklich. Er hatte gedacht, alles würde sich fügen, wenn er erst einmal Arzt geworden sei. Doch dann spielte nur eine Rolle, wie er mehr verdienen und in einer besseren Klinik arbeiten könne.

Nur durch das Erreichen eines höheren Status konnte seine innere Leere aber nicht ausgefüllt werden.

Natürlich ist dein Job mehr, als ein Weg, um Geld zu verdienen. Doch dein Job macht dich nicht aus. Wenn es zuvor kein Selbst gab, kann auch der Job keines erschaffen.

Oberflächliche Ziele zu verfolgen, ohne sich selbst zu reflektieren, bedeutet, sich in ständigem Wettstreit mit anderen zu befinden. Das ist nicht der Weg zu wahrem Glück.

Essenziell ist nicht eine Visitenkarte,
die beweist, wer du bist, sondern dass du eine
Person wirst, die niemandem irgendetwas beweisen muss.

Wir müssen niemand anders werden als wir selbst.

Schluck nicht einfach die Mehrheitsmeinung

Ich hatte mal ein Gespräch mit einer Kanadierin, die an einer koreanischen Grundschule Englisch unterrichtete. Dabei sprach sie über Dinge, die sie in Korea merkwürdig fand. Darunter zum Beispiel den Glauben, ein Schüler sei »gut«, wenn er »klug« ist. Sie war überzeugt, auch ein weniger kluger Schüler könne gut und ein kluger Schüler böse sein.

Die in Korea verbreitete Gleichsetzung »klug« = »gut« empfand sie als fragwürdig.

Ein ähnliches Problem stellt die Frage dar, wie man gut lebt. Gut zu leben ist mehr als finanzielle Sicherheit: Dazu gehören ein gesunder Körper, starke Beziehungen, die Fähigkeit, Kunst und Philosophie wertzuschätzen, die Zufriedenheit als Folge einer gut erledigten Aufgabe. Doch für Koreaner bedeutet ein gutes Leben meist, reich zu sein.

Wodurch wurden wir so programmiert, nur diesen Wert im Blick zu haben und alle anderen zu vergessen?

Möglicherweise hat das mit dem zu tun, was wir das »Mindset des 25. Juni« nennen, und mit der Roten

Angst. Am 25. Juni 1950 brach der Koreakrieg aus, und das »Mindset des 25. Juni« meint die Denkweise vom »Leben oder Sterben«, die sich viele Koreaner nach Kriegsende angeeignet haben: Fest entschlossen, nie wieder eine Besetzung zuzulassen oder nationales Elend zu erleben, erließ die Regierung einige Bestimmungen, die eigentlich aus dem Militärbereich kommen, darunter eine nationale Sperrstunde, Vorschriften zu Haarlängen und Ähnliches. Nach der kommunistischen Roten Angst waren schließlich Diskussionen und Debatten verpönt, stattdessen sollten Konformität und Solidarität als Überlebensstrategie für das koreanische Volk durchgesetzt werden.

Dieses Mindset wurde über Generationen bewahrt. Wir begannen, Marken festzusetzen, die unsere nationalen Ziele in Zahlen definierten, wie zum Beispiel »10 Milliarden Dollar in Exporten, 10 Milliarden Dollar Bruttoinlandsprodukt«. Irgendwann drang dieses Denken auch in den privaten Bereich ein und wurde zu »10 Kilo abnehmen, 990 Punkte im Englischtest erreichen«. Es wurde eine kulturelle Angewohnheit, gemeinsam dieselben Ziele anzustreben. *Jeder* musste fröhlich und bescheiden sein, weniger als 17 Prozent Körperfett haben und dabei 48 Kilogramm wiegen, eine gute Schule besuchen und in einem großen Unternehmen arbeiten.

Ständig wird darüber geredet, welches das nationale persönliche Ziel sein solle, begleitet von einer beinah hysterischen Massenzustimmung zur »richtigen« Antwort und hysterischen Ablehnung der »falschen«. Wer vermeintlich falsch liegt, wird auf einer Eisscholle ausgesetzt und sich selbst überlassen.

Übrig bleiben eine überhebliche Minderheit mit der richtigen Antwort und eine hilflos verzweifelnde Mehrheit, die versucht, dem gerecht zu werden.

Der britische Journalist Daniel Tudor beschrieb Korea einmal als Druckkochtopf, es sei das »unmögliche Land«, weil es für sein Volk unerreichbare Standards für Bildung, Ansehen, Erscheinungsbild und beruflichen Erfolg setze. Kann dieses ideale Selbst überhaupt erreicht werden? Nicht jeder kann schlank und charmant sein, eine angesehene Schule besuchen oder in einem großen Unternehmen arbeiten. Ein Ort, an dem alle diese Normen erfüllten, wäre eine Dystopie.

Wenn die Welt dir vorgibt, wie du »richtig« sein sollst, hinterfrage es. Richte dich nicht nach unerreichbaren Standards und bestrafe dich nicht dafür, dich Werten, die dir widerstreben, nicht anzupassen.

Es gibt viele Definitionen des guten Schülers, viele Wege für ein gutes Leben, und wir alle haben das Recht auf unsere eigene Antwort. Unsere Antworten sind nicht falsch, sondern lediglich unterschiedlich.

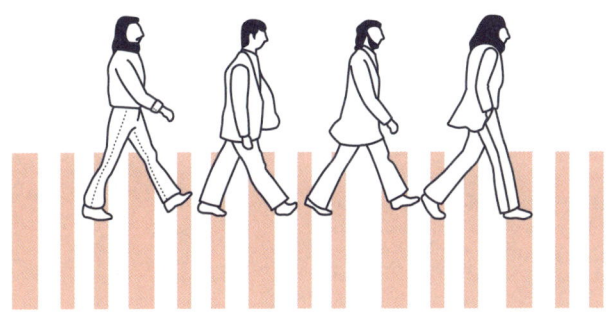

Diejenigen, für die Heavy Metal die einzig wahre
Musikrichtung ist, wünschen sich vielleicht,
dass die Beatles Heavy Metal gespielt hätten.
Doch egal, was sie gespielt hätten, sie wären immer
die Beatles geblieben.

 Entwickle deinen eigenen Geschmack

In meinen Zwanzigern las ich ein Buch, in dem der Autor Tipps und Lifehacks teilte, die er im Laufe seines Lebens gesammelt hatte. Darin sagte er unter anderem, wenige hochwertige Kleidungsstücke würden mehr Zufriedenheit schaffen als viele billige.

Als ich kürzlich in meinen Kleiderschrank schaute, erinnerte ich mich an diese kleine Weisheit. Ich sah den Wintermantel, den ich nur gekauft hatte, weil er im Sale war, den Rock, der an einer Schaufensterpuppe großartig ausgesehen, den ich jedoch nicht mal anprobiert hatte, und sehr freizügige Teile, mit denen ich es nicht an meiner Mutter vorbei aus der Tür schaffen würde. Dennoch bereute ich meine früheren Kaufentscheidungen nicht. Meine wiederholten Modesünden haben mir erlaubt, den für mich besten Stil zu finden und meinen eigenen Kleidungsgeschmack zu entwickeln.

Wenn auch du viele schlechte Entscheidungen bei deiner Kleidung getroffen hast, bedeutet das nur, dass du dir Mühe gegeben hast, herauszufinden, was für dich funktioniert. Darum hier mein kleiner Lifehack: Entwickle deinen Geschmack und deine Sicht mithilfe von Fehlern und entdecke so deinen persönlichen Stil.

Denn im Endeffekt geht es im Leben darum, die Version von dir selbst herauszustellen, die dich am besten widerspiegelt.

Nur durch mutige neue Versuche konnte ich herausfinden, dass mir kurzes Haar steht, ich im Dandy-Stil am besten aussehe und meine Haut durch pfirsichfarbene Foundation leuchtet.

Ein Leben ohne Versuche ist wie ein Schiff,
das nie ablegt.

 Erlaube dir deinen eigenen Geschmack

Einer meiner Exfreunde war Mitglied im örtlichen Kunstzentrum und besuchte regelmäßig die dortigen Vorstellungen, meist Modern Dance und Performancekunst aus aller Welt. Er fand, ich solle ähnlich kultiviert sein und nahm mich daher mit. Doch bis auf das eine Mal, als eine Flamencogruppe auftrat, langweilte ich mich. Auch nachdem ich das Programmheft gelesen hatte, verstand ich nicht, worum es ging – ich ziehe Klarheit dichtem Nebel vor. Also bat ich ihn, jemand anderen dorthin mitzunehmen, es war nicht mein Geschmack.

Ich urteile nicht über den Wert von Performancekunst. Manche Menschen berührt Modern Dance, andere fühlen dasselbe bei *Game of Thrones* oder beim Anblick von Plastikfiguren zu Anime-Charakteren.

Oft machen Menschen den Fehler, Kunstgeschmack hierarchisch einzustufen oder anderen den eigenen Geschmack aufdrängen zu wollen, doch unterschiedliche Vorlieben sind keine Aussage bezüglich Über- oder Unterlegenheit. Ebenso wenig ist der persönliche Geschmack etwas, von dem man andere überzeugen wollen sollte.

Respektiere meinen Geschmack,
verdammt noch mal!

Du brauchst deinen eigenen Geschmack, um dein Leben zu bereichern. Dazu musst du dir selbst gegenüber ehrlich hinsichtlich deiner Gefühle sein. Lass dich nicht durch das Urteil anderer Leute in eine bestimmte Richtung drängen und suche dir deine Beschäftigungen nicht danach aus, wie sie anschließend auf Social Media wirken könnten. Um sich der eigenen Vorlieben wirklich bewusst zu werden, bedarf es einigen Aufwands, um sie zu erforschen. Doch im Endeffekt ist Geschmack nichts, was man entwickelt, sondern etwas, das man fühlt.

Ich ziehe Ausstellungen Performances vor, ebenso wie ich Komödien lieber mag als Dramen und die Kombination aus Schweinerippchen und kalten Nudeln mehr mein Geschmack ist als Steak und Wein.

Wir brauchen nicht irgendeine extravagante Beschäftigung für den Bereich »Hobbys« in unserem Lebenslauf, sondern etwas, worauf unser eigenes Gefühl anspricht.

Dort finden wir den Glanz und
die Tiefe des Lebens.

 Erkenne dein wahres Selbst

Ich vergesse alte Kränkungen nicht so leicht. »Sie ist egoistisch.« »Er hat zwei Gesichter.« »Diese Person ist unhöflich.« Diese Urteile fälle ich über jeden, der mir Unrecht getan hat, und diesen Groll trage ich lange in mir. Ich betitele sie als »schlechte Menschen« und begründe damit meine Ablehnung ihnen gegenüber.

Wenn ich selbst jedoch andere verletzt habe, neigte ich immer dazu, zu denken: »Ich wusste es damals einfach nicht besser« oder »Das war wirklich keine Absicht.«

Doch eines Tages begann ich, mich zu fragen, weswegen ich die Fehler der anderen nicht auf dieselbe Art betrachtete – als jugendlichen Irrtum, Unkenntnis oder Versehen. Denn jeder hat doch gemeine Momente und macht Fehler, und waren die anderen nicht einfach nur ebenso unreif wie ich? War am Ende nicht ich die wahre Böse, weil ich sie so abstempelte?

Bis dahin hatte ich nur das, was ich an mir mochte, als mein »Selbst« betrachtet und mich verhalten, als sei ich perfekt, während ich wegschaute, sobald eine meiner ungeliebten Seiten an die Oberfläche kam. Ich tat so, als nähme ich sie nicht wahr. Die Eigenschaften, die ich an mir nicht mochte, tat ich als nicht zu meinem Selbst gehörig ab. Wie wenig bewusst ich mir meiner eigenen Schwächen war!

Carl Gustav Jung, der Begründer der analytischen Psychologie, bezeichnete die Gesamtheit der Dinge, die man verstecken möchte, als »Schatten«. Er sagte, wir alle hätten einen Schatten, den wir nicht loswerden könnten und mit dem wir zugunsten unseres Wohlbefindens unseren Frieden schließen sollten.

Jeder hat Schwächen, die er verstecken möchte. Doch wenn man seinen inneren Schatten so sehr hasst, dass man sich weigert, ihn anzuerkennen, dann wird der Begriff vom eigenen Selbst unklar und man kann nie sein wahres Selbst erkennen oder es gar kontrollieren.

Auf dem Weg zu einem gesünderen inneren Selbst müssen wir unsere Schwächen klarer erkennen und sie tolerieren. Also akzeptiere die Seiten an dir, die du nicht so gern magst.

Wenn du dich selbst so siehst, wie du wirklich bist, kannst du den Bedürfnissen, die du zuvor versteckt hast, Grenzen setzen und sowohl dir selbst als auch anderen gegenüber im Rahmen dieser Grenzen großzügiger sein. Erst wenn du aufhörst, Dinge zu verdrängen und für dich selbst Entschuldigungen zu finden und dich

stattdessen im Ganzen annimmst, also auf dein wahres
Selbst triffst – Warzen und Co. inklusive –, kannst du
Selbstgerechtigkeit überwinden und deine Menschlich-
keit entdecken.

Wir hassen niemanden, weil er nicht perfekt ist. Wir
hassen ihre Arroganz, wenn sie so tun, als wären sie es.

Schließlich ist niemand von uns perfekt.

 Finde heraus, wo du am hellsten strahlen kannst

In der Middle School habe ich ehrenamtlich in einer örtlichen Behörde gearbeitet, gemeinsam mit einer Freundin. Wir mussten Dokumente katalogisieren und Zahlen in Tabellen vergleichen, um sie auf Fehler zu überprüfen. Zahlen waren nicht meine Stärke und ich fühlte schon beim Anblick der Dokumente eine sofortige Erschöpfung. Während ich mich im Schneckentempo durch diesen erdrückenden Stapel arbeitete, raste meine Freundin förmlich durch den ihren und sagte sogar: »Das hat Spaß gemacht.« Beeindruckt fragte ich sie, was ihr Geheimnis sei, und sie antwortete, es würde ihr ein Gefühl von Erfüllung geben, wenn sie Fehler entdeckte. Sie machte später ihren Abschluss in Buchhaltung und arbeitet nun in einem Wirtschaftsprüfungsunternehmen. Ich bin überzeugt, sie ist spitze in ihrem Job und von ihren Arbeitgebern hochgeschätzt.

Um ein Leben im Sinne deines wahren Ich zu leben, musst du deine Talente kennen und einen Job finden, in dem du wirklich glänzen kannst. Andernfalls werden deine Talente verkümmern und du musst das unerträgliche Gefühl aushalten, dass dein Tun wertlos sei.

Wenn die Menschen über Talent sprechen, denken sie oft an Kunst oder an ganz spezifische, messbare, vorführbare Fähigkeiten, oder sie betrachten nur ganz außergewöhnliche Fähigkeiten als dieses Wortes würdig. Doch diese Einstellung verhindert die Anerkennung der eigenen Gaben.

Wenn man ein Talent besitzt, kann man es entwickeln und jedes Level von Talent kann ein Gewinn sein. Beispielsweise muss nicht jeder Mensch mit dem Talent zum Schreiben auch als Schriftsteller oder Schriftstellerin hervortreten. Viel wichtiger als das Ausmaß deines Talentes ist dein Bewusstsein für diese spezielle Stärke und dessen, wo sie zum Einsatz kommen und glänzen kann.

Was bedeutet überhaupt Talent? Für mich ist das etwas, das dir leichter fällt als anderen. In diese Kategorie gehören viele Dinge. Manche Menschen haben ein Talent für die Arbeit mit Dokumenten, anderen fallen Unterhaltungen mit Fremden leicht, wieder andere haben ein Auge für das Detail oder für Schönheit, noch andere sind hervorragende Zuhörer. Diese Talente fallen weniger deutlich auf, als wenn jemand gut zeichnen oder singen kann. Daher musst du sehr genau hinschauen, um deine Talente zu entdecken und herauszufinden, wo du sie am besten zum Einsatz bringen kannst. Schreibe dir auf, was du magst und was dir

Was ich damit tun kann

Zeichnen
Videos aufnehmen
Zeitpläne schreiben
...

Das ist eine
Investition.

Vielleicht gebe
ich zu viel aus.

Was ich wirklich tue

YouTube schauen

Haha.

Tatsächlicher Nutzen ist wichtiger als Potenzial.

leichtfällt. Wenn du damit nicht weiterkommst, suche dir online einen Begabungstest. Du kannst auf viele Arten herausfinden, worin du gut bist.

Entdecke die Schnittmenge zwischen dem, was du möchtest, und dem, worin du gut bist.

Es gibt keine talentfreien Menschen – sie haben ihr Talent nur noch nicht entdeckt.

Bilde dir stets deine eigene Meinung

Online bin ich durch Zufall auf ein Interview gestoßen, das irgendeiner Dokumentation entnommen war.

»Wenn man es auf ein gutes College in Seoul schafft, dann kann man wenigstens diese Summe an Geld verdienen und in ungefähr jener Gegend leben und den Rest seines Lebens auf in etwa diesem Niveau von Bequemlichkeit verbringen. Schließlich ist Erfolg gleichbedeutend mit Glück, richtig? In Korea ist also der erste Schritt zum Glück der Schritt in eine gute Universität.«

Es sollte so klingen, als würde der Besuch einer guten Universität ein gutes Leben garantieren. Diese Vorstellung war nicht aus der Luft gegriffen – zumindest vor dreißig Jahren.

Die Gesellschaft wird immer unvorhersehbarer, der Wettbewerb verschärft sich und eine gute Ausbildungsstätte garantiert nicht mehr zwingend ein gutes Leben. Viele Menschen werden erfolgreich, völlig unabhängig davon, wo – oder ob überhaupt – sie studiert haben. Warum wiederholen die Menschen also diese Lüge noch immer? Der Interviewpartner war natürlich

Eigentümer einer Nachhilfeschule. Überlegen wir einmal, wer am meisten von aus dieser Behauptung entstehenden Ängsten profitieren würde: der Besitzer einer Nachhilfeschule. Ich wüsste zu gern, wie viele Schülerinnen und Schüler auf ihn gehört haben und dann trotzdem vom Leben enttäuscht wurden.

Der berühmte *Marshmallow-Test* ist heute ein Standard in Bildung und Psychologie. Ein Kind erhält ein Marshmallow vorgesetzt und ihm wird gesagt, wenn es dieses Marshmallow fünfzehn Minuten lang nicht anrühre, bekomme es ein zweites. Diejenigen Kinder, die es schaffen, diese fünfzehn Minuten abzuwarten, werden, so heißt es, später besser in der Schule und haben mehr Erfolg. Dieses Experiment wird oft herangezogen, wenn die Opferung des heutigen Glücks zugunsten des Glücks von morgen gerechtfertigt werden soll.

Doch es gibt auch andere Auslegungen dieses Experiments, zum Beispiel die, dass die wahre Variable in diesem Versuch nicht das Durchhaltevermögen sei, sondern Stabilität und Vertrauen in der heimischen Umgebung des Kindes, ebenso wie ökonomische Komponenten, die dazu führen könnten, dass das Kind am Verzehr eines Marshmallows weniger interessiert sein könnte. Es wird also deutlich, dass die althergebrachte Erklärung selten das große Ganze abbildet.

Die Welt wird überschwemmt mit Erfolgsformeln von allen möglichen Menschen, die behaupten, den wahren Weg zu kennen, die Erleuchtung zu teilen – gegen eine gewisse Gebühr.

Natürlich enthält jede Geschichte auch ein Körnchen Wahrheit. Doch der Erfolg eines Individuums hängt so sehr von Faktoren wie Persönlichkeit, Umständen, Timing und Glück ab, dass man unmöglich eine Erfolgsformel aufstellen kann. Darum muss man sich durch alle Verpackungen und das Füllmaterial um diese Selbsthilfetheorien herum durcharbeiten, um zu erkennen, ob sie lediglich Teil einer geldgierigen Abzockmasche sind. Wenn du das nicht machst, wirst du zum Opfer dieses Betrugs.

Lerne, anstatt zu verehren;
erschaffe, anstatt zu kopieren;
wachse, anstatt zu folgen.

Werde dein eigenes Licht und erhelle die Welt, die
dich umgibt.

Manchmal ist es nicht der Glaube, der uns rettet,
sondern das Misstrauen.

TEIL 3

Checkliste für den Sieg über deine Ängste

Sich sorgen nimmt dem Morgen
nichts von seinem Leid, aber es raubt
dem Heute die Kraft.

CORRIE TEN BOOM

Das Leben ist eine einzige Unsicherheit — halte es aus

Ich lasse mir gern meine Zukunft vorhersagen. Das ist so etwas wie ein Hobby für mich. In letzter Zeit habe ich sogar damit begonnen, ein wenig darüber zu lernen, wie man die Zukunft anderer vorhersagt. Doch wie präzise ist die Wahrsagerei?

Während ich dieses Buch schrieb, habe ich gemeinsam mit einigen Freunden eine Wahrsagerin besucht. Im Grunde lautete ihre Prophezeiung für mich: »Dein Buch wird scheitern, wenn du also nicht verhungern möchtest, such dir einen Bürojob.«

Eine sehr deprimierende Voraussage, doch als dieses Buch nicht scheiterte – das Gegenteil war der Fall –, fragte ich mich, ob nicht doch die Wahrsagerin noch vor mir den Hungertod fände.

Einige Vorhersagen waren wahnsinnig genau, doch wenn man weiß, dass noch nicht einmal Zwillinge, die beinahe zur selben Zeit geboren wurden, dieselben Leben leben, kann auch der berühmteste Wahrsager seinen Aussagen nicht einhundert Prozent Garantie mitgeben. Wie schon das Orakel in *Matrix* vermittelt, als es sich weigert, Neo zu sagen ob er »der Eine« ist –

es ist eine Sache, den Weg voran zu kennen, und eine gänzlich andere, ihn auch zu gehen.

Wahrsagereien sind wie rote Ginseng-Bonbons mit nur fünf Prozent Ginseng – Vorhersagen mit nur einem Funken Wahrheit. Und wenn wir wissen möchten, ob Schrödingers Katze tot ist oder lebt, dann müssen wir die Box öffnen.

Dennoch gehen wir zu Wahrsagern auf der Suche nach Absicherung. Wir wären jedoch selbst dann noch unsicher hinsichtlich der Zukunft, wenn Nostradamus morgen wiederauferstünde. Nicht, weil Wahrsager ihren Job schlecht machen, sondern weil das Leben grundlegend unsicher ist.

Es tut mir leid für dich, wenn du im Leben nach Sicherheiten suchst. Dank der Tatsache, dass ich in den letzten zehn Jahren schon den einen oder anderen Geldbetrag bei allen Arten von Wahrsagern und Wahrsagerinnen gelassen habe, kann ich nur sagen, dass es im Leben im Endeffekt darum geht, Unsicherheit auszuhalten.

Wir gehen zu Wahrsagern, um zu hören, dass sich alles fügen wird: »Alles wird gut.« Doch anstatt an sie zu glauben – glaub an dich selbst.

Sich ein Leben voll perfekter Sicherheit zu wünschen, frei von allem Unerwarteten oder gar frei von allem Unvermeidbaren, bedeutet, sich ein Leben in einer Blase zu wünschen. Sicherheit im Leben entsteht nicht durch die Vermeidung aller Unsicherheiten, sondern durch die Auseinandersetzung mit ihnen.

Du machst das prima und es wird dir gut gehen.

Sei gewiss: Du bist nie allein mit deinen Problemen

Als wir klein waren, dachten wir, eine normale Familie bestünde aus zwei Elternteilen, die sich gut verstünden und ihre Kinder bedingungslos liebten. Immer, wenn meine Eltern stritten, dachte ich daher: »Ist unsere Familie unnormal?« Umso älter ich jedoch wurde, desto klarer erkannte ich, dass jede Familie Konflikte und Probleme hatte. Je näher sie sich standen, desto mehr Konflikte hatten Familien häufig. Und dank der Unterschiedlichkeit der Menschen ist es auch nur natürlich, dass sich Konflikte ergeben, wenn sie zusammenleben.

Die Auswahl dessen, was die Medien darstellen und was die Menschen bewusst auf Social Media teilen, vermittelt den Eindruck perfekter Familien, so weit das Auge reicht. Außenstehende können so zu dem Schluss kommen, nur sie seien anders und vergraben in der Folge ihr Gefühl der Unterlegenheit tief in ihrem Inneren.

Doch was heißt es, anders zu sein? Ist man damit in der Minderheit? Wie könnte es normal sein, wenn einem gar nichts fehlt? Kann es ein solches Leben überhaupt geben?

Normalität bedeutet nicht Perfektion – zum Normal-sein gehören ein Tropfen Hysterie, eine Prise Besessenheit und ein Hauch Zwang. Normalsein heißt nicht Makellosigkeit, sondern Narben und Schwächen und Unzulänglichkeiten zu haben.

Das Leben kommt in unzähligen Varianten daher, keine zwei Leben sind gleich, somit ist jede und jeder immer die Minderheit im Leben. Fühle niemals Scham – egal, in welchem Zuhause du aufgewachsen bist, welche Probleme oder Nachteile du gehabt haben magst.

Alles ist normal.

So viel Unglück wird versteckt, darum haben wir vergessen, dass alle Arten von Unglück universal sind.

Sobald etwas Unwillkommenes geschieht,
gibt es die, die darin ein Unglück sehen,
und jene, die es lediglich als Lauf des
Lebens betrachten. An diesem Unterschied
hängt dein Glück.

Folge nicht anderer Leute schlechtem Drehbuch fürs Leben

Es gab eine Zeit, in der ich mich um unrealistische Dinge sorgte. Und wenn diese Dinge dann nicht eintrafen, war ich erleichtert. Beispielsweise hatte ich so große Angst davor, Tuberkulose zu haben, dass ich geradezu erleichtert war, als sich herausstellte, dass es nur eine Grippe war. Ich machte mir lieber schon im Voraus Sorgen und konnte dann befreit aufatmen. Aber das ging so weit, dass ich bei jedem Husten sofort davon ausging, TBC zu haben. Meine übersteigerten Sorgen wurden zu ständigen Gewohnheiten und diese Generalproben für den Ernstfall zermürbten mich allmählich.

Sich um Dinge zu sorgen, die noch nicht geschehen sind, ist, als lebte man aus Angst vor der Möglichkeit eines Krieges in einem Bunker oder als kaufte man jede Menge Vorräte »nur zur Sicherheit«.

Schau objektiv auf deine Sorgen. Oftmals wirst du feststellen, dass du den allerschlimmsten Fall vor Augen hast und damit auch den unwahrscheinlichsten. Wie groß ist die Wahrscheinlichkeit wirklich, dass ein normaler Husten sich als Tuberkulose entpuppt? Zerstöre dir nicht den gegenwärtigen Moment mit einer schwarzgemalten Zukunft.

Deine Angst entsteht aus deinem
schlechten Drehbuch fürs Leben.

Wir sorgen uns um die Zukunft, doch unsere
größte Sorge ist, wie wir unsere Gegenwart
mit Sorgen ruinieren können.

 Suche nach einer wirklichen Lösung

Es gibt einen einfachen Denkvorgang, für den wir emp-
fänglich sind: magisches Denken. Beispielsweise waren in prähistorischer Zeit, als uns die Zusammenhänge
der Wetterentstehung noch unbekannt waren, Dauer-
regenfälle und tagelange Stürme so unerwartet und
beunruhigend, dass sie zu extremen Reaktionen führ-
ten. Die Menschen in jener Zeit hielten Blitz und Don-
ner für Auswüchse des Zorns ihrer Götter und opferten
ihnen Jungfrauen zur Versöhnung. Doch Regen endet,
wenn er enden soll, ganz gleich wie viele Jungfrauen
geopfert werden. Der Glaube an die Möglichkeit, das
Schicksal zu beherrschen, gab den Menschen Sicherheit. Magisches Denken bezieht sich auf das, was Menschen sich ausdenken, um Angst und Furcht in solchen
Situationen Herr zu werden, in denen sie sich machtlos
fühlen.

Als Kind erhielt ich die antikommunistische Ausbildung,
die damals allen koreanischen Kindern zuteil wurde.
Damals betete ich ein Jahr lang jeden Abend vor dem
Schlafen, dass kein Krieg kommen möge. Im Hinblick
auf die internationalen politischen Beziehungen hatten
meine Gebete keine Bedeutung, doch ich glaubte an
ihre Kraft, den Krieg fernzuhalten.

Auch ohne Höhlenmenschen oder Zehnjährige zu sein, verlassen wir uns auf das magische Denken. Wir opfern zwar keine Jungfrauen mehr zur Flutverhinderung oder beten allabendlich gegen den Krieg an, doch wir investieren nach wie vor in Lösungen, die keinerlei Auswirkungen auf Dinge haben, die außerhalb unserer Kontrollmöglichkeiten sind.

Aus diesem Grund geben Menschen Geld für schamanische Rituale zur Schuldenabwehr aus, glauben die fadenscheinigen Ausreden ihrer gewalttätigen Partner – vortäuschend, dass Vergebung sie ändern würde – oder beschäftigen sich zwanghaft mit Dingen, die keinerlei Einfluss auf ihr Glück haben. Doch je mehr du dich auf falsche Lösungen verlässt, in desto weitere Ferne rutschen die wahren Lösungen, bis am Ende gar nichts gelöst wird. Du magst glauben, dass die Zeit deine Wunden heilt, doch so wenig, wie Feen deine Hausaufgaben erledigen, während du schläfst, so wenig kann die Zeit alle Probleme lösen.

Wenn dir ein Problem unüberwindbar vorkommt, frage dich, ob du an einer falschen Lösung festgehalten hast, anstatt die wahre Natur deines Problems zu erkennen. Vielleicht dauert es etwas, doch irgendwann musst du deine Sorge in einen Handlungsplan umwandeln. Nur dieser erste Schritt in Richtung einer wirklichen Lösung wird dich schließlich von deinem Problem erlösen.

Befreiung bedeutet die Wiedererlangung deines inneren Bewusstseins. Befreie dich von dem, was dich so lange zurückgehalten hat.

Beim Blick zurück in die Vergangenheit ist es wichtig, dein Verhalten ohne Reue einzuschätzen,

und beim Blick in die Zukunft ist es wichtig, die Möglichkeiten ohne Sorge einzuschätzen.

Bemühe dich, nicht zu empfindlich zu sein

Meine Freundin hatte einen Unfall. Sie überquerte die Straße, als ein haltendes Auto einen Ruck machte und sie erwischte. Glücklicherweise wurde sie nicht schwer verletzt. Doch seitdem ich die Geschichte gehört habe, achte ich sogar auf stehende Autos, wenn ich die Straße überquere.

Angst ist das vage Gefühl, dass schlechte Dinge geschehen könnten. Wenn du schon ein paar Jahre gelebt hast, mag die Vielzahl deiner Erfahrungen dir eine breitere Perspektive geben, doch die angesammelten Traumas bieten der Angst mehr Nahrung. Genau wie im Fall meiner Erfahrung des Unfalls meiner Freundin kann Angst aus zweiter Hand weitergereicht werden.

Die Welt, in der wir leben, birgt zu viele Dinge, um die wir uns sorgen können. Täglich, beinahe minütlich, berichten die Medien von jeder Menge Unfällen. Wir werden bombardiert mit Meldungen über medizinische Notfälle und ökonomische Unsicherheit. Die Menschen sind angespannt und unsere Online-Communities sind voll mit den schlimmsten Szenarien aus dem wahren Leben.

All diesen Nachrichten ausgesetzt, können wir nicht anders, als ängstlich zu sein. Wir durchlaufen endlose Rückkopplungsschleifen der Angst. Unser sensibilisierter Geist durchbricht die Grenzen zwischen Wirklichkeit und Angst, wodurch uns schon die kleinsten Rückschläge erschüttern.

Um damit umgehen zu können, musst du deine hypersensitive Wahrnehmung etwas beruhigen. Sage dir, dass Vergangenes vergangen ist, dass es keinen Beweis dafür gibt, dass Dinge schlimmer werden, und dass du nicht in ständiger Angst vor einer potenziellen Katastrophe leben kannst.

Entspanne deinen Geist und lass ihn aus der Welt deiner Vorstellungen zurückkehren in die wahre Welt.

Das Leben, das du wirklich lebst,
ist wesentlich friedvoller, als du denkst,
und du bist stärker, als dir bewusst ist.

Geschmacksverstärkende Gewürze können ein Gericht ruinieren, wenn man sie im Übermaß verwendet.

Sei so traurig, wie es nötig ist

Im Leben nehmen wir Abschied von vielem: einem geliebten Menschen; unserer Kindheit, die uns vielleicht nicht die Liebe gebracht hat, die wir gebraucht hätten; unseren Idealen, die uns einst so wichtig waren; unserer Jugend; einer Zeit, in der wir an uns selbst glaubten. All diese Trennungen müssen betrauert werden, manche kürzer, manche länger.

Trauer bedeutet Traurigkeit ohne Zurückhaltung. Oft sind wir jedoch zu ängstlich, um unseren Verlust wahrzunehmen, und unterdrücken, ignorieren oder missverstehen in der Folge unser Bedürfnis nach Trauer. Damit verweigern wir uns die Möglichkeit, traurig zu sein.

Laut Sigmund Freud werden wir depressiv, wenn wir nicht richtig trauern. Gefühle verschwinden nicht einfach, wenn wir den Stöpsel aufstecken und sie daran hindern, durchzusickern. Wenn die Traurigkeit durch den Prozess des Trauerns nicht weggewaschen werden kann, werden unsere Emotionen zu einem Sammelbecken für Depressionen und hindern uns daran, unser Leben weiterzuführen.

Wenn du Ängste oder Depressionen verspürst, suche nach ihrer Ursache. Selbst wenn sie versteckt oder verzerrt ist, gehe in dich, suche nach Hinweisen und stell dich ihr. Die Erkenntnis über den Ausgangspunkt deiner Emotionen kann deine Suche beenden, die Angst oder Depression jedoch nicht. Einfach zu verstehen, woher alles kommt, mag nicht ausreichen, um es zu ersticken und du brauchst möglicherweise noch Zeit, um angemessen zu trauern.

Frag dein tiefstes Inneres: Wovon hast du dich getrennt?

Für all die unvermeidbaren Abschiede müssen wir uns die Zeit zum Trauern nehmen.

Tiefgehendes
Nachdenken über
Wichtiges

Oberflächliches
Nachdenken über
Vieles

Um die wahre Natur eines Problems zu erkennen,
müssen wir nicht mehr nachdenken,
sondern tiefgehender.

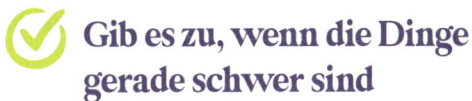

Gib es zu, wenn die Dinge gerade schwer sind

Ich neige nicht dazu, herumzulaufen und zu sagen, dass es mir gerade nicht gut geht. Nicht nur sage ich es den Leuten ungern, wenn ich leide, sondern ich sehe mich selbst nicht als jemanden, der leidet. Für mich fühlt es sich an, als würde das die Dinge nur verschlimmern, also sage ich am Ende immer: »Mir geht's gut.«

Doch die Unterdrückung meiner Gefühle lässt mich mir selbst gegenüber weniger einfühlsam sein. In der Folge begegne ich auch anderen Dingen weniger einfühlsam und beginne, meine Gefühle zu vernachlässigen, während ich mich durch den Schmerz arbeite, nicht ahnend, dass ich mich meinen Grenzen nähere.

Darum müssen wir uns bemerkbar machen, wenn die Dinge schwer sind, selbst wenn niemand zuhört oder es die Situation nicht verändert. Auch müssen wir eine kleine Pause einlegen, wenn alles zu viel wird. Du kannst deine Gefühle nicht ständig im Zaum halten, indem du sagst, es gehe dir gut, und du kannst nicht immer stark sein.

Wenn du also das Gefühl hast, in Verantwortung unterzugehen oder zu weinen anfangen möchtest, in der

Sekunde, in der du von der Arbeit heimkommst, dann sag einfach: »Ich finde es gerade schwer.«

Niemand außer dir selbst kann sich um dich kümmern, und ab einem bestimmten Punkt wird Selbstaufopferung zu Selbstmisshandlung. Es ist in Ordnung, ein wenig egoistisch zu sein, ein wenig unverantwortlich. Doch nichts ist unverantwortlicher, als sich selbst zu vernachlässigen, während man behauptet, verantwortungsbewusst zu sein.

In diesem Sinne: In letzter Zeit fand ich es schwer.

Nicht das Ausblenden von Gefühlen macht es besser,

sondern die Auseinandersetzung mit ihnen.

 # Nimm dir Zeit zum Verarbeiten

Die 1938 begonnene Grant-Studie der Universität Harvard begleitet das ganze Leben von rund 200 Männern, um die Voraussetzungen für wahres Glück herauszufinden. Laut Studienleiter George Vaillant liegt der entscheidende Faktor für den Erfolg eines Menschen und für seine Zufriedenheit im Leben in dessen unterbewussten Bewältigungsmechanismen, speziell hinsichtlich seines Umgangs mit Widrigkeiten. Vaillant nennt vier Bewältigungsmechanismen – pathologische, unreife, neurotische und reife – und argumentiert, dass die meisten psychischen Probleme aus der Entwicklung der Betreffenden stammen würden.

Doch ein spezielles, fiktives Beispiel hat mich überrascht. Es ging um eine Frau, die sich unbedingt ein Kind wünschte, doch bei ihr wurde Gebärmutterhalskrebs diagnostiziert und sie musste sich einer Hysterektomie unterziehen. Als sie nach dem Eingriff aufwachte, empfand sie kein tiefgreifendes Bedauern, sondern nahm sich als wesentlich mitfühlender gegenüber dem Leid derjenigen wahr, die sie umgaben. Sie hatte das Gefühl, unfassbares Glück gehabt zu haben und empfand es als Segen, dass man ihren Krebs in einem so frühen Stadium festgestellt und erfolgreich operiert hatte.

Wäre das also ein Beispiel für einen reifen oder einen unreifen Bewältigungsmechanismus? Offenbar Letzteres. Doch weshalb sollte solch eine Akzeptanz, gar Erhabenheit, als unreif angesehen werden?

Während die Reaktion der Frau dem Bewältigungsmechanismus der Sublimierung ähneln mag, handelt es sich tatsächlich jedoch um eine Form der Dissoziation. Hierbei bewirken unerträgliche Situationen die Trennung des Selbst von der Quelle des Traumas. Mit anderen Worten: Es ist eine unreife Reaktion, die sich als reife tarnt. Woran sollen wir aber den Unterschied zwischen einem reifen und einem unreifen Bewältigungsmechanismus erkennen?

Der Unterschied liegt darin, ob die Reaktion aus wirklicher Annahme resultiert: die Akzeptanz der eigenen Traurigkeit, reflektiertes Verarbeiten des Geschehenen, sowie die Konfrontation mit der Realität und Annahme dieser als das, was sie ist.

Reife zu imitieren, ohne wirklich zu verarbeiten, was geschehen ist, bleibt lediglich Selbsttäuschung anstelle einer wirklichen Lösung.

Wir hören immer wieder dieselben Dinge – man solle sich selbst respektieren, sich selbst so annehmen, wie man wirklich ist, und sich selbst lieben.

Alles valide Punkte. Genau so sollten wir unbedingt mit uns umgehen.

Doch wir können uns nicht lieben, indem wir es nur vortäuschen oder uns diese Worte wieder und wieder vorbeten. Selbstliebe und Selbstrespekt können nur im Laufe eines Prozesses von innerem Wachstum entstehen. Dieser wiederum kann nur durch nachhaltigen Widerstand gegen Selbsthass, gegen die Bereitschaft, in schmerzhaften Erinnerungen zu schwelgen, und durch die wirkliche Auseinandersetzung mit dem eigenen Selbst entstehen. Nur durch die Pflege der inneren Stärke kann wahrhafte Selbstliebe erreicht werden.

Das ist natürlich leichter gesagt als getan. Doch nur diejenigen, die den langen und steinigen Weg gegangen sind, können die Selbstliebe verwirklichen.

Hört auf, so zu tun, als würdet ihr euch selbst lieben. Versucht, euch wirklich selbst zu lieben.

Ich hoffe wirklich, dass ich es tue, und dasselbe hoffe ich für euch.

 Tu nichts aus reiner Angst

Seit dem College habe ich wirklich hart gearbeitet. Ich habe einen großen Wettbewerb gewonnen, für die Teilnahme an einem merkwürdigen Führungskräfteprogramm bezahlt und vielen Themen meine Stimme geliehen. Ich habe aber auch viele Dinge getan, die mir heute nicht wirklich weiterhelfen.

Natürlich sind alle Erfahrungen bis zu einem gewissen Grad nützlich – wie zum Beispiel bei Steve Jobs, der interessehalber an der Uni einen Kalligrafie-Kurs belegte, der ihm Jahre später bei seinem Design des Mac von großem Nutzen war. Doch wir haben nicht unendlich viel Zeit und nur, wenn wir für unsere Bemühungen einen Fixpunkt haben, können auch unsere Randerfahrungen Bedeutung erlangen. Weil wir aber in einer Welt leben, in der wir konstant den Druck spüren, produktiv sein und uns verbessern zu müssen, tun wir immer *irgendetwas* und fühlen uns dadurch bestätigt.

Wie kann ich jedoch rechtfertigen, einen Anfängerkurs in Codierung besucht zu haben, wenn ich nichts anderes kann, als »Hallo Welt« zu morsen? Und wie das alberne Zertifikat irgendeines verrückten Hobbys und all die anderen Unternehmungen, an die ich keine Erinnerung mehr habe? Sie garantieren mir keinerlei Vorteile im Leben und jedwedes Gefühl von Erfüllung, das sie gebracht haben, verpufft schnell.

Es gibt vieles auf dieser Welt, das von unseren Ängsten profitieren will, und wenn wir kein Gefühl dafür haben, was wichtig ist, lassen wir uns davon verführen. Also hör auf, dich von deinen Ängsten jagen zu lassen, von deinen verzweifelten Versuchen, nicht den Anschluss zu verlieren, deinen aufwendigen Bemühungen, zu beweisen, wie hart du arbeitest. Besinne dich stattdessen auf die Grundlagen.

Was für eine Persönlichkeit bist du?
Welche Dinge kannst du zu
deinem eigenen Wohl tun?

Setze dir ein Ziel und mach dich auf den Weg dorthin. Die wahre Zufriedenheit erreicht man, wenn man sich seines Ziels bewusst ist und es schließlich erreicht.

Laufen, ohne nachzudenken,
wird dich nicht an dein Ziel führen.

Lerne, auch bei Problemen deinen Tag nicht abzuschreiben

Im Leben werden immer unerwartete Probleme auftauchen. Für viele von ihnen gibt es keine sofortige Lösung.

Dinge, die du nicht zurücknehmen kannst. Vergangene Fehler, die dich bis heute verfolgen. Angelegenheiten, um die du dich kontinuierlich kümmern musst, damit sie nicht größer werden. Dinge, die dazu führen, dass du am liebsten dein ganzes bisheriges Leben wegwerfen und neu beginnen würdest.

Wenn wir doch nur unser Leben wie in einem Videospiel auf »Neustart« setzen könnten. Doch sollen wir unser Leben, weil einmal etwas schiefgelaufen ist, wirklich leben, als wären wir tot, bis zum nächsten Versuch?

Ich hatte ganz sicher schon Momente der Verzweiflung. Doch wann auch immer es sie gab, kam ich zu dem Schluss, dass ich weiterleben wollte. Es wäre einfach nicht gerecht, wenn ich mein ganzes Leben aufgäbe, nur wegen eines Fehlers, und während mein Leben anderen unbedeutend erscheinen mag, so ist es doch das einzige, das ich habe. Wie die Titelfigur einer alten Fernsehserie sagt, ich liebte mich noch immer und wünschte mir selbst eine hoffnungsvolle Zukunft.

Vielleicht bist du gerade in der gleichen Situation. Erschöpft, deiner selbst überdrüssig, im Stich gelassen vom Leben – vielleicht willst du das Handtuch werfen. Doch du allein kannst Sorge für dein Leben tragen. Nur weil du verletzt wurdest oder unzufrieden bist, kannst du dein Leben nicht einfach allein im Dunkeln zurücklassen, um zu weinen. Das ist verantwortungslos. Wenn etwas Negatives geschieht, wirst du mit der Zeit einen Weg finden, damit zu leben, wenn du dir für eine Weile die Traurigkeit darüber zugestehst und den Schmerz verarbeitest.

Nicht aus albernen Gründen wie: »Dein Schmerz ist unbedeutend« oder »Jeder kommt damit klar«, sondern weil dein Leben dir wichtig ist und ich von Herzen hoffe, dass du es gut lebst.

*Das Beste, was wir tun können, ist den Moment
so wahrhaftig wie möglich zu leben.*

TEIL 4

Checkliste für das Zusammenleben

Als die Leute sich gegen mich zusammen-
geschlossen haben, dachte ich nur: Wenn ihr
mich verflucht, verletzt ihr Idioten mich nicht,
und würdet ihr mich loben, würde mich das nicht
besser machen, als ich ohnehin bin. Also tut, was
auch immer ihr möchtet. Denn von euch kann ich
weder niedergerungen noch emporgehoben
werden, und ich werde mein Leben einfach
genauso weiterleben, wie ich es möchte.

KIM HOON IM INTERVIEW »KIM HOON IST KIM HOON
UND PSY IST PSY« VON KIM GYEONG

Respektiert euch wenigstens ein bisschen

Einmal ging eine Geschichte über einen Mann, der vermisst und bald darauf tot aufgefunden wurde, viral. Die Netzcommunity spekulierte wild darüber, ob der Mann ermordet worden sei, sich umgebracht habe oder Opfer eines Unfalls geworden war. Doch einmal unabhängig von der Todesursache, sollte nicht die Tatsache, dass er nicht mehr lebt, Tragödie genug sein? Für einen Außenstehenden mag ein Slum »romantisch« oder für einen Reisenden »abenteuerlich« aussehen. Für jeden, der nur darüber liest, kann eine tragische Geschichte Futter für Klatsch sein.

Sicher liegt es in der menschlichen Natur, die Schicksalsschläge der anderen neugierig zu betrachten. Doch was, wenn andere das bei dir tun – würdest du das zulassen? Niemand sollte sich das Recht anmaßen, die Privatsphäre anderer zu verletzen.

Wenn du nicht selbst zum Opfer des Geredes Fremder werden möchtest, dann musst auch du die Privatsphäre anderer respektieren. Du kannst nicht eine exklusive Schutzzone für dich selbst erschaffen und dir zugleich keine Mühe geben, die Leben anderer zu beschützen. Du kannst nicht verlangen, in Ruhe gelassen zu werden, wenn du das Recht einforderst, über anderer Leute Angelegenheiten informiert zu sein.

Bremse deine Neugier bezüglich anderer Leute Angelegenheiten. Auf diesem Wege kannst du deine eigene Privatsphäre am besten schützen und es ist das Mindeste, was wir tun können, um einander zu respektieren.

Entspann dich, nicht jeder muss dich verstehen

»Heiratest du? Hast du einen Job? Einen Freund? Wie sieht es mit deinen Ersparnissen aus?« Die Menschen glauben, sie fänden diese Fragen unhöflich. Doch es sind nicht die Fragen an sich unhöflich, sondern die Urteile hinter den Fragen.

Der prüfende Blick derjenigen, die denken, jeder außerhalb ihrer Vorstellung der Norm sei »falsch« – sie sind wie Psychologen oder kriminalistische Profiler, die denken, sie seien neutral und objektiv, obwohl sie nicht einmal das Geringste über sich selbst wissen.

Wie auch ein Mathematikstudent, der keine quadratische Gleichung lösen kann, falsch ist – nicht die quadratische Gleichung selbst – so ist die Unfähigkeit des anderen, uns zu verstehen, nicht unser Fehler, sondern der dieser anderen Person.

Wir müssen uns um diese Menschen keine Gedanken machen oder danach streben, vor ihnen zu bestehen.

Wir sind nicht hier, um von den Verurteilenden
Bestätigung zu erfahren. In letzter Instanz
gehört dein Leben nur dir.

Diejenigen, die alle Perspektiven von Außenstehenden mit Allwissenheit verwechseln, werden die Wahrheit immer falsch auslegen.

*Aber ich bin nicht hier, um von dir
verstanden zu werden.*

Respektiert die Grenzen der anderen

Eine Freundin von mir scheint immer fröhlich zu sein. Noch nie habe ich sie deprimiert oder von Uniprojekten oder langen Abenden im Büro gestresst erlebt. Jeder ist von ihrer Einstellung fasziniert. Kann es einen solch sorgenfreien Menschen wirklich geben?

Da ich bereits mehr als zehn Jahre mit ihr befreundet bin, kann ich aber sicher sagen, dass sie nicht nur fröhlich und bester Laune ist – sie hat so viele Facetten wie jeder andere Mensch auch. Ja, sie hat eine stabile körperliche und mentale Gesundheit und ist nicht überempfindlich. Jedoch wahrt sie auch persönliche Grenzen, die sie niemals überschreitet und die zu überschreiten sie auch anderen nicht gestattet. Sie hat keine dunklen Geheimnisse zu verbergen, aber jeder hat seinen eigenen persönlichen Raum und verschiedene Empfindungen dafür, wo die eigenen Grenzen gezogen sein sollten.

Schon als wir klein waren, haben wir uns daran gewöhnt, dass andere im Namen von Freundschaft oder Familie unsere Grenzen missachten – diese Missachtung wird oft als Vertraulichkeit getarnt.

Doch sich selbst vollkommen zu öffnen und die eigenen Grenzen aufzugeben, sind nicht die Voraussetzungen für eine gute Beziehung, und wir können von niemandem verlangen, sein Schutzschild im Namen der Freundschaft zu senken. Selbst wenn jemand für dein Empfinden zu viele Grenzen haben mag, steht es dir nicht zu, diese von außen niederreißen zu wollen. Die Verletzung der Grenzen eines anderen Menschen ist eine Form von Gewalt. Eine gute Beziehung setzt voraus, dass wir unsere gegenseitigen Grenzen respektieren, und eine gute Freundschaft beinhaltet sowohl Nähe als auch die Fähigkeit, die Gesellschaft des anderen mit zurückhaltender Distanz zu genießen.

Obwohl sie mir nicht alles von sich offenbart, halte ich sie für eine großartige Freundin.

Verwechsle eine Grenzverletzung nicht mit Nähe.

 Gönne dir eine große Menge Individualität

Das Buch *Du musst nicht von allen gemocht werden* wurde in Korea, Japan und Deutschland zum Bestseller. Es verkaufte sich derartig gut, dass es das Etikett »Phänomen« verdient hat. Warum kam es in all diesen Ländern so gut an? Interessanterweise heißt es sowohl über Korea als auch über Japan, dass beide Länder im Verhältnis zu ihrem Wohlstand ein niedriges Glücksniveau hätten.

Woran liegt das? Das Niveau der Individualität eines Landes ist ein kultureller Faktor, der in engem Verhältnis zum Glück steht, und die glückverursachenden Effekte sind losgelöst von Wohlstand. Andererseits sind reiche Länder mit einem niedrigen Maß an Individualität in der Regel weniger glücklich. Dies beschreibt superkollektive Länder wie Korea und Japan.

Warum verhindert Kollektivismus Glück? Er preist Harmonie, stellt das Wohl der Gruppe über das Wohl des Einzelnen und übt Kontrolle über die Individuen zugunsten des Erhalts der Gemeinschaft aus. Das allein ist schon mühsam, das größere Problem ist jedoch, in welchem Maß dies von den Individuen internalisiert wird.

Während eine individualisierte Gesellschaft die Schuld eines Einzelnen oder seine private Schande nutzt, um ihre Bürger zu kontrollieren und zu regulieren, nutzen kollektivistische Gesellschaften Bloßstellung oder öffentliche Schande. Bloßstellung ist Schande mit den Augen der anderen betrachtet, das führt zu einer konstant bewussten Wahrnehmung der anderen und davon, wie ihre Blicke jede unserer Bewegungen beeinflussen. Wir versetzen uns in die Position der anderen und sagen Dinge wie: »Ich zeige es ihnen, ich werde es ihnen allen zeigen« und »Keiner wird je mehr auf mich herabschauen können.«

Das ist, als hätte man eine Überwachungskamera auf die eigene Seele gerichtet. Der Gedanke, dass dich jemand beobachtet, macht dich angespannt und ängstlich. Die Tatsache, dass ein Buch wie *Du musst nicht von allen gemocht werden* in Korea und Japan zum Auflagenphänomen wurde, ist ein Beweis für unsere Erschöpfung vom Kollektivismus, wo wir in dauernder Angst vor dem Urteil anderer leben.

Zur kollektivistischen Gesellschaft wurden wir, weil wir landwirtschaftliche Wurzeln haben, wo kollektive Arbeit essenziell war. Doch nicht jeder baut heutzutage Reis an. Was wir dringender brauchen als den Mut, nicht gemocht werden zu wollen, ist, einander ein größeres Maß an Individualität zuzugestehen. Ich sage nicht, dass alles, was aus dem Ausland kommt, gut ist. Doch wir müssen einen Teil des Kollektivismus in unserer Gesellschaft ausgleichen. Wir sollten weiterhin aus der Vogelperspektive auf unsere Gesellschaft schauen, aber dennoch Raum für Individualität und persönliche Freiheit lassen.

Zudem zeigen Studien inzwischen, dass Individualität antisoziales Verhalten nicht vermehrt, wie man annehmen könnte, sondern mit Höflichkeit, Großzügigkeit und sozialer Verantwortung einhergeht. Das kommt, weil Individuen dafür respektiert werden, was sie sind und somit tiefergehende Beziehungen aufbauen können.

Ich denke, zwei Dinge würden die Gesellschaft verbessern: zum einen, weniger Neugier bezüglich anderer Menschen; dies liegt in der persönlichen Verantwortung. Zum zweiten, sich nicht darum kümmern, was andere Menschen denken; wir sollten die Werte und Lebensweisen der anderen akzeptieren und lernen, zu koexistieren. In beidem bin ich nicht perfekt, aber ich arbeite daran.

Zugunsten deines Glücks und des
der anderen sei anderen und dir selbst
gegenüber großzügiger.

175

Weniger Sorgen, mehr Respekt.

Es geht nicht um Gewinnen oder Verlieren

Während der Orientierungsphase am College hatte ich die folgende Unterhaltung mit einem Mädchen aus meinem Jahrgang. Sie hatte einen Abschluss von einer Kunstoberschule in Seoul, die mehrere Schülerinnen und Schüler an unseren Fachbereich entsandt hatte.

Fasziniert sagte ich: »Es muss schön sein, hier gemeinsam mit Freunden aus der Oberschule zu sein.«

»Sie sind nicht meine Freunde«, entgegnete sie.

»Was? Wieso nicht?«

»Sie sind nur Konkurrenz.«

Was war das hier, eine Highschool-Sitcom?

Unterm Strich war ich die Naive. Wir alle standen in extremer Konkurrenz zueinander. Selbst ich hatte Bücher darüber gelesen, wie man seinen akademischen Stand verbessern könne; eines davon riet dazu, sich seinen Erzfeind vor Augen zu rufen, während man lernte. Ich ernannte also eine Klassenkameradin zur Erzfeindin, doch das hielt nicht lange. Das Land war voller Kinder, die besser in der Schule waren als ich, und es schien dumm, nur ein einziges besiegen zu wollen. Doch wie viele andere Kinder hatten auf denselben Rat gehört und sich Erzfeinde gesucht?

Die Kindheit sollte eine Zeit sein, in der man lebenslange Freundschaften schließt, stattdessen werden wir ermutigt, gegen unsere Freunde um Zensuren und den Zugang zu den besten Colleges zu kämpfen. Gleichaltrige betrachten wir als Konkurrenz, nicht als vertraute Nachbarn. Darum sind wir zwar eine kollektivistische Gesellschaft, belegen aber den letzten Platz im Bereich »Gemeinschaft und Soziale Beziehungen« bei der Organisation für wirtschaftliche Zusammenarbeit und Entwicklung (OECD).

Ironischerweise sind wir tatsächlich weniger gemeinschaftsorientiert als der individualisierte Westen. Wir handeln zwar im vollen Bewusstsein des Blicks der anderen und im Sinne stark kollektivistischer sozialer Sitten, aber in diesem Blick findet sich weder Vertrauen noch Solidarität. Unsere Beziehungen ersticken uns und geben uns zugleich das Gefühl des Alleinseins. Das erschöpft uns.

Was haben wir überhaupt davon? Verschafft uns unser Konkurrenzdenken einen Vorteil? Das glaube ich nicht. Bong Joon-ho gewann den Oscar für den besten Film, weil er die Qualität seines Filmschaffens bis zum Äußersten trieb, nicht, weil er entschlossen war, Martin Scorsese oder Quentin Tarantino auszustechen.

Wenn du ständig deine Gewinne und Verluste durchzählst oder dich weigerst, jemand anderem auch nur das kleinste Bisschen zu gönnen, oder wenn du neidisch auf das Glück einer Freundin oder eines Freundes bist, dann bist du vielleicht zu sehr an eine konkurrenzgetriebene Gesellschaft gewöhnt. Doch Konkurrenz strengt uns nur an und bringt Anspannung. Konkurrenz garantiert keinen Wettbewerbsvorteil. Statt dich selbst zu quälen, indem du jeden zu deinem Erzfeind kürst, finde deine wahre Berufung und erschaffe dir deine eigene Welt.

Und abgesehen davon, bau dein Vertrauen in andere wieder auf und finde eine Gemeinschaft, in der ihr euch nicht ständig aneinander messt.

Nur wenn du dir in der Geborgenheit dieser Gemeinschaft deinen eigenen Raum schaffst, kannst du mit deinen Stärken und deinem Potenzial wirklich glänzen.

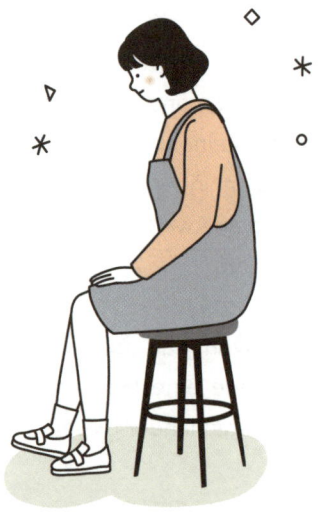

Niemand hat dir je dein Glück gestohlen.

Sei nicht nett, nur um der Ablehnung anderer zu entgehen

Als ich klein war, hasste ich doppelzüngige Menschen so sehr, dass ich sie öffentlich enttarnte und beschämte (ich behaupte nicht, stolz darauf zu sein). Darum hatte ich viele Feinde.

Tatsächlich ist es nicht sehr angenehm, sich vorzustellen, von jemandem gehasst zu werden, selbst wenn du denjenigen nie treffen wirst. Und ich wollte ein netterer Mensch werden. Ich dachte, selbst wenn ich hören müsste, wie jemand schlecht über mich redete, wäre alles gut, solange ich nicht reagierte. Doch trotz meiner Bemühungen wurde aus mir nie, was andere Menschen als eine »nette« Person bezeichnen würden. Stattdessen wurde ich jemand, der nicht für sich selbst einstehen konnte.

Warum hatte ich das Gefühl, ich müsste ein netter Mensch sein? In gewissem Maße habe ich das noch immer. Ich möchte zu mir selbst nett sein, zu den Menschen, die mir nahestehen, und zu denen, die meine Hilfe brauchen.

Aber zu versuchen, zu allen nett zu sein, selbst zu Fremden, die dich beurteilen, ohne dich zu kennen, ist, als gäbe man sein Recht auf Selbstverteidigung auf. Ich muss Selbstrespekt haben, und die Ablehnung eines anderen beeinflusst mein Leben eigentlich in keiner Weise. Darum habe ich aufgehört mit den Bemühungen, nett sein zu wollen, nur um nicht abgelehnt zu werden.

Es ist wichtig, andere nicht zu verletzen, aber jeder hat das Recht und die Verantwortung, für sich selbst einzustehen.

Erinnerung an meine Feinde: Ich werde euch zerstören.

Ihr glaubt, ich sei verrückt? So ist es. Seid vorsichtig.

Du kannst mich mal.

Präventivangriffe sind illegal,
aber Selbstverteidigung ist es nicht.

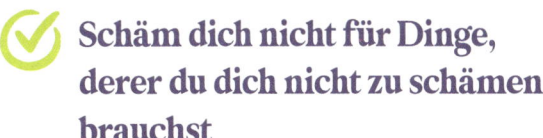# Schäm dich nicht für Dinge, derer du dich nicht zu schämen brauchst

Als meine Mutter klein war, erkrankte sie an einem Fieber, das zu einer Lähmung der Gesichtsnerven führte. Ich fand das nie ungewöhnlich. In der dritten Klasse ging ich mit ihr zu einem Klassenpicknick und ein Mädchen aus meiner Klasse nannte das Gesicht meiner Mutter »merkwürdig«. Dazu muss ich sagen, dass ich als Kind derartig schüchtern war, dass ich mich selbst im Schwimmkurs meines Kindergartens immer abseits von allen anderen umzog. Aber zu hören, wie meine Mitschülerin das Gesicht meiner Mutter als »merkwürdig« bezeichnete, beschämte mich nicht. Mutters Gesicht zeigte einfach die Folgen eines Fiebers – warum sollte sich irgendwer dafür schämen?

Die Freundin einer Freundin verbrachte nach der Geburt ihres Kindes einen Wellnesstag und eine der Frauen fragte alle anderen, was die Jobs ihrer Ehemänner seien, in welcher Art Haus sie lebten und ob sie es gekauft oder gemietet hätten. Diese Wichtigtuerin tauschte später mit nur einigen der Frauen Telefonnummern aus, abhängig von deren Antworten. Wie unhöflich und grob, Fremde auf diese Weise zu beurteilen. Meine Freundin, die von ihrer Freundin diese Geschichte gehört hatte, hielt sich daraufhin an *ihrem* Post-Baby-Wellnesstag von den anderen Frauen fern. So setzt sich der Teufelskreis immer weiter fort. Die groben Leute sind das Problem – die anderen bleiben übrig mit einem Gefühl von Verletztheit und Bedrohung und ziehen sich sozial zurück.

Doch weshalb sollten *wir* uns schämen? Wer ist es, der sich wirklich schämen sollte?

Nur weil einige Menschen schamlos sind, heißt das nicht, dass du dich an ihrer statt schämen sollst. Selbst wenn du ihnen nicht so deutlich sagen kannst, dass sie verdammt nochmal die Klappe halten sollen, lasst uns aufhören, uns für Dinge zu schämen, derer wir uns nicht zu schämen brauchen.

Diejenigen, die am bereitwilligsten über andere lachen, sind die lächerlichsten von allen.

Was geht es dich an?

Als in einer Fernsehshow eine Sängerin auf die Brüste einer anderen Sängerin zeigte und fragte: »Sind die etwa künstlich?« antwortete die andere: »Künstlich oder nicht, was geht es dich an?«

Genau. Was geht es dich an?

Du musst nicht mit jedem Menschen zurechtkommen

Eine ältere Frau aus der Nachbarschaft besuchte meine Freundin und fragte, ob sie von Zeit zu Zeit vorbeikommen dürfe. Meine Freundin, der es schwerfiel, zu Dingen Nein zu sagen, sagte Ja. Dann kam die Enkelin dieser Frau zu Besuch und versuchte, meine Freundin zu ihrer merkwürdigen Religion zu bekehren, später erschien sie für weitere Besuche gemeinsam mit anderen Sektenmitgliedern.

Es gibt überall Menschen, welche die Höflichkeit anderer ausnutzen. Manchmal muss man die eigenen guten Manieren ausbremsen. Selbst wenn du dich dann unwohl fühlst, du musst deine Bedürfnisse benennen, zu Dingen Nein sagen und auf deinen Grenzen bestehen. Zweifelsohne ist das leichter gesagt als getan und auch ich kämpfe damit. Doch was gäbe ich auf, nur um als »nette Person« angesehen zu werden? Wäre es mir das Unwohlsein, das ich im Gegenzug bekäme, wert?

Wenn man, um eine nette Person zu sein, ein unerträgliches Maß an Unwohlsein und Missbrauch aushalten muss, dann ist es besser, heikel zu sein. Wenn du deinen Frieden schützt, heißt das nicht, du bist nicht nett. Und wenn jemand gut genug ist, um ein Freund zu sein, dann sollte derjenige deine Grenzen respektieren. Wer schnell beleidigt ist, wenn du Grenzen setzt, den solltest du dir nicht bewahren.

Wir sollten nicht auf das neidisch sein, was andere haben, sondern das beschützen, was unseres ist.

Man kann nicht mit jedem zurechtkommen.
Es tut mir leid, das sagen zu müssen,
aber die Person, um die du dich zuallererst
kümmern solltest, bist du selbst.

Diejenigen, denen wirklich etwas an uns liegt,
würden nie zu viel von uns verlangen.

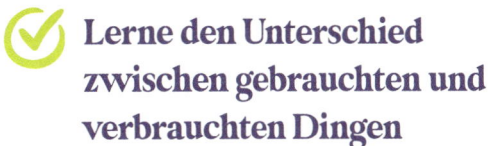

Lerne den Unterschied zwischen gebrauchten und verbrauchten Dingen

Wenn ich ein neues Telefon habe, bin ich zu Tode betrübt, wenn es einen Kratzer bekommt, auch wenn er nur klein ist. Weil Kratzer unvermeidbar sind, ist es besser, sie zu akzeptieren, als sie dich ärgern zu lassen. Wenn wir uns jedes Mal, wenn etwas einen Kratzer abkriegt, aufführen würden, als wären wir ruiniert, wären wir pleite, weil wir ständig neue Dinge kaufen müssten.

Diese Art der Wegwerfmentalität ist auch auf Beziehungen übertragbar. Selbst die besten erleiden ein paar Dellen, und es ist unmöglich, niemals von jemand anderem enttäuscht zu werden. Wenn der Schaden groß ist, dann trennt man sich natürlich besser. Doch wenn du Menschen immer ablehnst wegen unvermeidbarem Lebensabrieb, wärst du am Ende sehr einsam.

Es zieht nur Verluste nach sich, Beziehungen perfektionistisch führen zu wollen.

Achte darauf, in einer Beziehung zwischen gewöhnlicher Wegwerfmentalität und Schäden, die sie wirklich nicht überstehen kann, zu unterscheiden. Abhängig von der Stärke der Beziehung können die Kratzer vielleicht ganz leicht wegpoliert werden.

Wirf keinen guten Freund weg, weil du nur einen besten Freund willst.

Deine Freundin hat sich nicht verändert,
sondern ihr seid beide mehr ihr selbst geworden.

 **Tue Gutes für deine derzeitigen Beziehungen**

Als ich von meinen Zehner- in meine Zwanziger-, und schließlich in meine Dreißigerjahre kam, durchlief die Liste meiner Freundschaften einige Überarbeitungen. Es gibt Freundschaften, die ihre Spitzenpositionen nie verloren haben, jene, die sich so weit entfernten, dass ich nicht einmal wüsste, wie ich sie erreichen könnte, und neue Freunde, mit denen ich alles teile.

Wenn ich an die Freundschaften denke, die vergangen sind, oder an die, die sich mal angefühlt hatten, als würden sie alles überstehen, dann fühle ich mich für meine Fehler schuldig. War ich so unreif? Würde ich mich heute anders verhalten?

Doch ebenso, wie ich meine Grenzen hatte, hatten auch meine Freundinnen und Freunde die ihren – und da wir nicht an jeder Beziehung, die wir je hatten, festhalten können, nutzen sich die schwächeren unvermeidlich ab oder zerbrechen. Deswegen sind wir keine schlechten Menschen; das Ende einer Freundschaft ist manchmal einfach eine Tatsache des Lebens. An gescheiterten Beziehungen musst du dir nicht die Schuld geben oder darüber nachgrübeln, ob du die aktuellen auch verlieren wirst. Sei einfach die beste Person, die du sein kannst für diejenigen um dich herum und sei offen dafür, neue Freundschaften zu schließen.

Ebenso, wie du jemanden brauchst, braucht jemand auch dich und so überlebt ein jeder diese Welt trotz ihrer Unvollkommenheit.

Nicht die Kirschblüten des Frühlings
oder der Regenbogen nach einem Sturm,
nicht die Sternschnuppen am Himmel
können für immer überdauern,
also genieß sie im Moment.

✓ Wenn du grünes Licht bekommst, leg los

Wenn du für jemanden schwärmst, ist es verständlich, dass du die Reaktionen auf dich deutest, nach einem Startsignal suchst, einem Zeichen, weiterzugehen. Doch auch für das Ausbleiben einer Antwort kann es viele Erklärungen geben:

1. Die Finger sind gebrochen.
2. Du bist aus den Augen, aus dem Sinn.
3. Es ist viel los in der Arbeit.
4. Jemand wartet, dass du zuerst anrufst.

Und es kann sogar noch mehr Gründe für die Stille geben. Niemals ist es nur eine Sache; jede Situation ist verschieden. Nicht einmal ein Beziehungsmeister oder legendärer Tarot-Leger kann wirklich alle Beweggründe eines anderen erkennen.

Und wenn du dennoch wissen möchtest, ob du grünes Licht hast, dann wäre die angemessenste Frage nicht »Was denkt diese Person über mich?«, sondern »Was denke ich über diese Person?«

Lautet die Antwort: »Ich mag diese Person«, dann ist *das* dein grünes Licht, um sie anzusprechen.

Liebe nicht, weil es geschieht. Lass die Liebe geschehen.

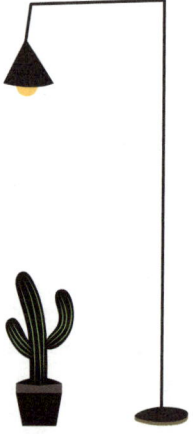

 Drück deine Gefühle aus

Kürzlich sah ich ein Meme über Beziehungen, das ausdrückte, jemand könne eine Beziehung ohne Reue verlassen, wenn er zuvor niemals wütend, sondern stets entgegenkommend gewesen sei, denn das mache diesen Menschen zu einer umsichtigen Person, die alles für die Beziehung getan habe. Entsprechend, so schloss man hier, solle man immer sein Bestes geben, um entgegenkommend zu sein.

Mir kam das etwas merkwürdig vor. War das wirklich bedacht? Wer möchte mit jemandem zusammen sein, der nach außen hin stets lächelt, innerlich jedoch die Fehlschläge zählt, ehe er sich aus dem Staub macht?

Mein Hauptproblem mit der Botschaft dieses Memes ist die Unterdrückung der eigenen Unzufriedenheit. Diejenigen, die sich nicht äußern, trösten sich mit der Tatsache, dass sie jederzeit gehen können, wenn sie es wollen – der einzige Ausdruck ihrer Unzufriedenheit ist ihr Weggang.

Dieser Mangel an Selbstvermittlung mag wie Hingabe wirken, ist aber eher eine Form von passiver Aggressivität. Eine Methode, sich selbst als Opfer darzustellen, das sich an den Ungerechten rächt.

Sind solche Angriffe gegen die Ungerechten gerechtfertigt? Wer darf den ersten Stein werfen? Jeder und jede von uns war unabsichtlich schon ungerecht. So sehr wir auch dazu neigen, uns deutlicher an die gegen uns verübten Ungerechtigkeiten zu erinnern, als an jene, derer wir uns schuldig gemacht haben, sind wir alle schlecht darin, unsere Fehler zu sehen, zudem alle unterschiedliche Standards und Vorstellungen davon haben, was recht und unrecht ist.

Daher ist es wichtig, einander unsere Gefühle mitzuteilen. Genau wie unsere Autos uns beim Einparken mit Pieptönen warnen, müssen wir unseren Unmut äußern, wenn andere Menschen den Grenzen unseres Toleranzbereichs zu nah kommen. Die Ausübung der Macht, eine persönliche Beziehung jederzeit verlassen zu können, ist keine Form der Selbstwertschätzung, und solange man vor dem Bedürfnis, sich selbst auszudrücken, wegrennt, werden Beziehungen immer schwierig bleiben.

Lerne, dich selbst auszudrücken, pflege gesunde Beziehungen und erschaffe dir innerhalb dieser Beziehungen dein Leben.

Es ist schwierig und vielleicht nicht die Antwort, die du hören wolltest, doch das ist es, was wir lernen müssen, um wahres Glück zu finden.

Bei der Rücksichtnahme geht es darum, wie du etwas sagst, und nicht, ob du es sagst.

 **Finde jemanden,
der bei dir ist**

Es gibt einen ganzen Stapel Bestseller darüber, wie man glücklich sein könne, wenn man allein ist. Kann das richtig sein? Können Menschen wirklich glücklich sein, wenn sie allein leben?

In seinem Buch mit dem Titel *The Origin of Happiness* beschreibt Dr. Seo Eun-guk unsere DNA als den Überlebenstrainer unserer Vorfahren: Unsere Stresssysteme werden aktiviert, sobald wir Dinge tun, die dem Überleben nicht dienlich sind, und unser Dopaminspiegel steigt an, wenn das Gegenteil der Fall ist. Schlecht zu essen stresst uns also, gut zu essen macht uns glücklich. Das alles ist in unserer DNA.

Was brauchten unsere Vorfahren am dringlichsten zum Überleben?

Mit Sicherheit Essen und Menschen. Gehen wir zurück in die Vergangenheit. Für unsere Vorfahren bedeutete das Sich-Entfernen von der Gruppe den sicheren Tod. Wenn also eine Beziehung schlecht läuft, ist der Stress deshalb so hoch, weil das Ende der Beziehung für die Bedrohung unseres blanken Überlebens steht. Einsamkeit bedeutet Tod.

Heute müssen wir uns nicht mehr mit der Frage stressen, wie wir an Nahrung kommen – wir haben sie ständig im Überfluss um uns herum –, und dennoch ist Nahrung nach wie vor eine wichtige Quelle für Stress. Für diejenigen, die erschöpft sind von den Drohgesten, die einerseits vom Essen, andererseits von unseren Beziehungen ausgehen, wird der Bestseller über Einsamkeit und unsere DNA wie eine Erlösung klingen.

Das Buch hat nicht unrecht. Wenn die Welt sich nicht in etwas wie *The Walking Dead* verwandelt, ist es egal, ob dich jemand hasst oder mag. Bist du hungrig, hast du deine Kreditkarte. Bist du in Gefahr, rufst du die Polizei. Sorgst du dich um deine Zukunft, rufst du deine Versicherung an. Es ist eine neue Welt. Einsamkeit ist keine so große Sache mehr. [Hurra.] Abgesehen von einigen übersensiblen Rückmeldungen unserer DNA, ist es in Ordnung, nicht gemocht zu werden. Das eine Problem inmitten all dieser guten Nachrichten ist, dass unsere DNA mit dem Tempo dieser neuen Welt nicht mitgehalten hat. Denn Beziehungen waren der wichtigste Faktor für unser Überleben, unser größtes Glück erfahren wir, wenn wir starke Beziehungen formen, und unser größter Stress entsteht im zwischenmenschlichen Konflikt.

Das mag altmodisch klingen, aber ob es dir gefällt oder nicht: Zusammen sind wir am glücklichsten. Das ist keine Erkenntnis der Literatur, sondern der Evolutionspsychologie, kein Gefühl, sondern ein Instinkt.

Also wähle nicht den schweren Weg, indem du sagst, du seist allein am glücklichsten. Finde jemanden auf deiner Wellenlänge. Man lässt nicht die Finger von Lebensmitteln, nur weil man einmal eine Lebensmittelvergiftung hatte, man geht nicht ins Kloster wegen eines schlechten Menschen. Wichtig ist nur, verdorbenes Essen zu meiden, ebenso wie schlechte Menschen.

Finde einen Freund, der dich unabhängig von deiner Situation versteht und respektiert, jemand, der sich nicht über deine Schwächen lustig macht. Und wenn du denjenigen gefunden hast, sei im Gegenzug ebendiese Person. Das ist die beste Pille gegen Angst und der zuverlässigste Weg zum Glück.

Von einem Freund, der sich verspätet, brauchst du keine Ausrede, sondern eine Entschuldigung. Für deinen Schwarm brauchst du keine Tarotkarten zu befragen, sondern Mut. Wenn du einsam bist, brauchst du nicht die Kraft, deine Einsamkeit auszuhalten, sondern einen wahren Begleiter.

Hey, mein Freund, als das Leben schwer war und unerwartet zugeschlagen hat, halfen mir in den Momenten, die ich nicht erklären konnte – oder wollte – nicht irgendwelche großen Gesten, sondern deine tiefe, rücksichtsvolle Ruhe.

TEIL 5

Checkliste für eine bessere Welt

Jedes Land hat die Regierung, die es verdient.

JOSEPH DE MAISTRE

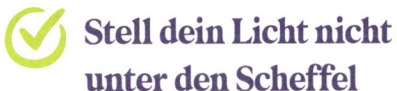 **Stell dein Licht nicht unter den Scheffel**

In irgendeiner Fernsehtalkshow sagte ein junger Mann aus dem Publikum vor der Kamera zu seiner Mutter: »Mama, irgendwann kaufe ich dir einen Benz«, und die Mutter sah ihn mit einem zufriedenen Lächeln an. Sicher ist das eine nette Geste. Doch vielleicht bin ich ein wenig komisch, wenn ich das traurig finde. Es tut mir leid, das sagen zu müssen, aber die Wahrscheinlichkeit, dass dieser Junge seiner Mutter je einen Mercedes-Benz kauft, ist verschwindend gering. Nicht, weil er etwas falsch macht, sondern weil die ökonomischen Voraussetzungen schlecht für ihn stehen.

Bei uns in Korea sagt man: Ab dem Moment, in dem die Nabelschnur entsteht, saugt das Kind Geld aus den Eltern. Bildung ist teuer, weil an den koreanischen Schulen ein so starker Wettbewerb herrscht. Die Collegegebühren steigen weiter und mit Kost und Logis kostet das ebenfalls Hunderte im Monat.

Natürlich geht es manchen Haushalten besser als anderen, doch zu dem Zeitpunkt, wenn sie das Haus verlassen, stehen die meisten Kinder mit astronomischen Summen bei ihren Eltern in der Kreide. Darum versprechen sie dann Dinge wie den Kauf eines Mercedes-

Benz. Denn nachdem sie ihren Eltern finanziell das Genick gebrochen haben, erscheint ein Benz als die einzig angemessene Kompensation.

Das Problem liegt darin, wie herausfordernd es ist, diese Schuld zu begleichen. Die Arbeitslosenquote ist hoch. Die Menschen treten immer später ins Arbeitsleben ein. Nur fünf Prozent der Bewerber bekommen die Jobs in den Konzerngruppen (und selbst dann ist ein Benz außer Reichweite), und der Rest wird zwar angestellt, kämpft aber finanziell. Ein Paar kann unmöglich heiraten und sich die Miete leisten, ohne ein Darlehen der Bank oder von seinen Eltern.

Wenn das Paar erst Kinder hat, beginnt der Kreislauf wieder von vorn, und in diesem Kreislauf kommt nie der Tag, an dem du dir leisten kannst, deinen Eltern den versprochenen Benz zu kaufen.

Was diese Situation noch verschlimmert: Es ist heute verpönt, etwas auszusprechen, was die Träume und das Potenzial der Kinder dämpfen könnte; dass wir uns trotz der Notwendigkeit, die Realität im Blick zu haben, um wirkliche Lösungen zu finden, nur gestatten, vom Erfolg einer Minderheit zu sprechen, um eine Fantasie der Zukunft zu verkaufen. Übrig bleiben all die, die Verlust und Verzweiflung angesichts des Erwachsenwerdens verspüren. Sie gingen in die Welt mit

Träumen, doch sie können sich nur den Bodensatz leisten.

Und nirgends haben sie etwas falsch gemacht.

Die wirklichen Schuldigen sind die hohen Lebenshaltungs- und Ausbildungskosten sowie der Mangel an gut bezahlten Jobs, damit die Menschen sich Ersteres leisten können – all diese Dinge liegen nicht in unserer Macht. Wir leben in einer Gesellschaft, die uns in die Schulden treibt, noch ehe wir erwachsen sind, eine, die uns keinen Weg aufzeigt, wie wir die Schulden abzahlen können, und die uns leiden lässt angesichts der Last unserer vermeintlichen Unzulänglichkeiten.

Wenn du ebenfalls an Gefühlen wie Schuld und Ungenügen leidest, dann solltest du wenigstens verstehen, wie du zum Schuldner wurdest. Natürlich zahlt dieses Wissen dann nicht deine Schulden für dich ab, aber es wird dir zumindest helfen, dir nicht mehr selbst die Schuld an allem zu geben. Eine Gesellschaft, die gewöhnliche Menschen zu Schuldnern macht, ist eine kranke Gesellschaft.

Du hast nicht falsch gelebt.

Tut mir leid, dass ich gewöhnlich bin.

Du hast nichts falsch gemacht.

 Wenn es sein muss, halt es aus

In meinem ersten Job hatte ich eine Kollegin, mit der ich noch heute befreundet bin. Sie ist fleißig und freundlich. Doch sie kann es nicht leiden, wenn ihre Arbeitgeber sie behandeln, als sei sie entbehrlich.

Einmal hat ihr Chef ein großes Theater darum gemacht, ihr einen winzigen Bonus auszuzahlen, und als sie nicht angemessen dankbar wirkte, sagte er: »Soll ich ihn zurücknehmen?« Meine Freundin wurde so wütend, dass sie ihm das Geld zusammen mit ihrer Kündigung vor die Füße warf. Die Firma bettelte sie an, zu bleiben.

Nach allem, was ich gehört habe, war er ein ziemlich schwieriger Fall. Wer macht schon solche Witze über einen Bonus? Dennoch sagte ich meiner Freundin, sie solle nicht kündigen. Wieso nehme ich mir dieses Recht heraus?

Einer meiner Chefs übertrieb mit der Anzahl derjenigen, die sich auf eine neue Stelle beworben hatten, und er sagte zu mir: »Sehen Sie sich vor, da draußen sind noch viel mehr Designer.« Damit wollte er auf meine Austauschbarkeit anspielen. Also antwortete ich: »Wissen Sie was, wieso kündige ich nicht einfach? Dann können Sie direkt *zwei* Leute auswählen.« Natürlich war ich damals jünger und habe so viel gearbeitet, dass sie mich unmöglich feuern konnten. Die Situation meiner Freundin war ähnlich, dennoch sagte ich ihr, dass sie nicht so schnell hinwerfen, sondern nur im absoluten Notfall kündigen solle. Selbst wenn dieser Chef so schrecklich war, dass er über ihr Gehalt witzelte und von ihr Dankbarkeit für den Knochen, den er ihr von Zeit zu Zeit hinwarf, erwartete, sollte sie nicht ihr Leben seinetwegen auf den Kopf stellen müssen. Eine Kündigung seinetwegen gab ihm so viel mehr Macht. Diesen Stellenwert sollte er in ihrem Leben doch ganz bestimmt nicht haben, oder?

Es gibt keinen Grund, diesen Menschen zu vergeben oder für sie zu lächeln, und du musst einen Weg finden, mit ihrer Unhöflichkeit umzugehen; dennoch, wenn der Ort, an dem du dich gerade befindest, der richtige für dich ist, dann halt es aus.

Du triffst deine eigenen Entscheidungen
und man muss sich wohl kaum schämen dafür,
einen schwierigen Job zu ertragen.
Es geht darum, das eigene Leben gegenüber
schlechten Menschen zu priorisieren.

Wirklicher Wandel braucht Zeit

Der Soziologe No Myeong-wu von der Ajou-Universität in Suwon, Südkorea, sagt, die Welt verändere sich nur *sehr langsam*, obwohl wir das Gefühl eines rasanten Wandels hätten. Wie eine adipöse Person, die nach drei Monaten intensiven Trainings ihr Gewicht auf ein gesundes Niveau gesenkt, nun aber Probleme hat, es so ohne Weiteres zu halten.

Unsere Körper, persönlichen Probleme und die sozialen Herausforderungen verändern sich nicht plötzlich, und Veränderungen sind niemals dauerhaft. Ebenso wie Konstanz und Achtsamkeit wesentlich für die Vermeidung des Jo-Jo-Effekts sind, brauchen wir Zeit und kontinuierliche Bemühungen, um wirklichen Wandel zu erreichen. Auch wenn das bedeuten könnte, zurückzurudern oder das Gefühl zu haben, auf der Stelle zu treten. So ist das eben einfach.

Um bedeutsamen Wandel zu erreichen, musst du geduldig sein.

**Wie man Narbenbildung
nach einer Verbrennung vermeidet.**

  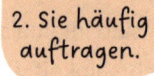 

1. Lotion
auftragen.

2. Sie häufig
auftragen.

3. Weiterhin
auftragen.

*Anders geht es nicht.
Am besten behandelt man eine Wunde, indem man
sie jeden Tag ein kleines bisschen heilt.*

 Bleib von Zeit zu Zeit neutral

Ich bin immer eine stille Mitleserin im Internet gewesen, doch es gab eine Zeit, als ich mir wünschte, Teil einer Gemeinschaft gleichgesinnter Menschen zu sein. Damals waren meine politischen Überzeugungen stark, also trat ich einer politischen Community bei. Neunzig Prozent der dort geäußerten Meinungen teilte ich, das war eine schöne Erfahrung. Das Problem waren die zehn Prozent, mit denen ich nicht übereinstimmte; immer, wenn ich versuchte, darüber zu schreiben, gab es eine Treibjagd. Die meisten anderen Mitglieder beschuldigten mich, eine Spionin zu sein, die nur da sei, um die Gruppe zu stören und Zwietracht zu säen.

Also fand meine erste (und zugleich letzte) Mitgliedschaft in einer Onlinecommunity ein plötzliches Ende, und mir blieb eine Frage. In der Schule lernen wir alle, uns für soziale Themen zu interessieren und wie wichtig Teilhabe in einer gesunden Demokratie ist. Doch warum, trotz all dieses Interesses und der Teilhabe, fühlt es sich an, als würde die Welt sich nicht bessern?

Das Problem lag nicht darin, wie sehr wir uns beteiligten, sondern wie wir das taten. Wenn es wichtiger ist, sich auf eine Seite zu schlagen, als einen Konsens zu finden, wird aus dem Diskurs eine Reinheitskontrolle.

Selbst wenn man in neun von zehn Punkten übereinstimmt, macht die eine Uneinigkeit ihren Verfechter zum unreinen Element, das beseitigt werden müsse. Immer weiter Durchsieben und Nachspülen, bis nur noch »unsere« Seite übrig ist, die Menschen, die sich in allen zehn Punkten einig sind.

Früher hat sich eine Familie vor einem Fernseher versammelt, der nur eine Handvoll Programme hatte, und in der Schule oder in der Arbeit unterhielt man sich über die Nachrichten oder beliebte Sendungen, die man am Vorabend gesehen hatte. Heute jedoch bezieht jeder seine Informationen aus unterschiedlichen Quellen. Der YouTube-Algorithmus zeigt dir, was du sehen willst und je stimulierender und einseitiger der Inhalt, desto mehr Reaktionen erzeugt er. Kein Wunder, dass wir das Gefühl für politischen Konsens verloren haben und unsere politische Landschaft zerklüfteter als je zuvor ist.

Daher erscheint es einem heute so, als träfe man einen verrückten Menschen, wenn wir jemandem begegnen, der andere politische Ansichten hat. Andere Menschen erscheinen uns ignorant und einfältig oder wie Feinde in einem Kampf Gut gegen Böse. Korea beispielsweise ist bereits geteilt in Nord und Süd – wie viel mehr Aufspaltung können wir aushalten?

Zudem leben wir nicht gerade im erweiterten Universum von *Star Wars,* wo die Grenze zwischen Gut und Böse etwas deutlicher ist. In *unserer* Galaxie tarnt sich das Böse manchmal als gut, und gute Absichten garantieren niemals auch gute Ergebnisse. In den meisten Organisationen, aber auch in Individuen, existieren Gut und Böse nebeneinander. Die Welt ist einfach zu komplex, als dass man sich immer nur für die eine oder die andere Seite entscheiden könnte.

Das kann man jedoch nicht wirklich erkennen, wenn man die ganze Zeit damit beschäftigt ist, sich für je eine Seite zu entscheiden. Jeder kleine Fehler auf der anderen Seite sieht nach Verrat aus, während ein Fehler auf deiner eigenen Seite lediglich ein Irrtum oder ein Versehen ist. All das lenkt jedoch nur von der Auseinandersetzung mit den größeren Themen ab.

Häufig gibt es nichts Abscheulicheres als Neutralität, doch was sollen wir tun? Eine der größten Hürden derzeit ist die Polarisierung. Wir müssen darüber hinauswachsen, um einen gemeinsamen Nenner zu finden. Nur dann können wir unsere Gedanken äußern, ohne in gegenseitigem Hass zu enden.

Wir brauchen eine Alternative zu dieser toxischen Schlammschlacht. Wir brauchen Überzeugung anstatt Beleidigungen.

Nur so können wir dieses riesige Hindernis des Konflikts überwinden und in eine bessere Zukunft voranschreiten.

Versuche, die Dinge von beiden Seiten zu betrachten.

 Schaffe Gründe für Hoffnung

Heutzutage über Hoffnung zu sprechen, ohne sich lächerlich zu machen, ist schwierig. Falsche Hoffnung kann toxisch sein. Die Koreaner haben diese Sache namens ›Hoffnungsfolter‹: Es werden falsche Hoffnungen geweckt, um Menschen zu quälen, indem sie auf etwas warten, was nie eintreffen wird.

Das folgende Beispiel ist etwas problematisch, wenn auch hilfreich. Während des Vietnamkrieges gab es viele amerikanische Kriegsgefangene (Prisoners of War, POWs). Viele von ihnen starben, weil sie die Haft nicht ertragen konnten, doch laut Admiral James Stockdale, einem ehemaligen POW und U.S.-Vizepräsidentschaftskandidaten, starben zuerst die Optimisten unter den POWs. Sie glaubten, dass sie noch vor Weihnachten entlassen würden, und wenn Weihnachten vorbei war, ging es um Ostern und danach um Thanksgiving. Bis zum nächsten Weihnachtsfest waren sie gestorben. Hatte die Hoffnung sie getötet? Ich denke nicht, denn das, woran sie sich festgeklammert hatten, war nicht Hoffnung, sondern grundloser Optimismus, eine Form des Eskapismus.

Wäre es besser, Pessimist zu sein und nichts zu erwarten? Auch das ist keine Antwort. Denn die nächsten

POWs, die starben, waren die Pessimisten. Wie also lautet die Antwort?

Als POW hatte Stockdale sich mit der Realität auseinandergesetzt und getan, was er konnte. Er verletzte sich selbst, indem er seinen Kopf gegen einen Stuhl schlug, sodass der Feind ihn nicht für seine Propagandafilme darüber, wie gut er die POWs behandelte, missbrauchen konnte. Er übernahm wieder die Kontrolle, wo auch immer es möglich war, und schuf ein internes Kommunikationssystem, um das Gefühl der Isolation unter den Gefangenen zu reduzieren. Am Ende überstand er sieben Jahre Kriegsgefangenschaft mit der Kraft seines eigenen Willens.

Eine Zeit lang war Korea überschwemmt von Optimisten. Sie sagten Wirtschaftsaufschwünge voraus, und nachdem sie persönliche Finanzratgeber gelesen hatten, waren sie überzeugt von ihrem bald eintreffenden Reichtum. Doch die Wirklichkeit war nicht bereit für Wandel. Aus dem Kindheitsmantra, dass sich Mühe stets lohnen würde, wurde das Mantra, dass Mühe sich nur manchmal lohnte, und unser Optimismus kam häufig als Enttäuschung zu uns zurück. Somit nahm Hoffnung in unserer Gesellschaft ihren Platz als Folterwerkzeug ein.

Es stimmt: Von der Realität losgelöste Hoffnung ist lediglich Opium. Doch können wir ohne Hoffnung leben? Wir müssen uns daran festhalten und währenddessen mit beiden Füßen sicher auf dem Boden stehen.

Ebenso wie man nicht hoffen kann, Gewicht zu verlieren, indem man fünf Mahlzeiten pro Tag zu sich nimmt, muss man einen Weg zur Hoffnung finden, wenn man sich Hoffnung wünscht. Und wenn du sie durchdacht hast, richte dich auf ein bisschen Enttäuschung unterwegs ein.

Schaffe dir einen Grund zur Hoffnung,
anstatt vage zu hoffen oder zu verzweifeln.

Hoffe auf das Beste und erwarte das Schlimmste.
Wo ein Wille ist, ist auch ein Weg.
Geholfen wird denen, die sich selbst helfen.
Um einen Löwen zu fangen, musst du dich
in die Höhle des Löwen wagen.

Hoffnung ist immer an Bedingungen geknüpft.

 Sei großzügig

Ich helfe gerne fremden Menschen. Ich zeige älteren Menschen, welche U-Bahn sie nehmen müssen, notiere ihnen sogar den Weg, nachdem ich ihn auf meinem Handy herausgesucht habe.

So aufgeschlossen für das Helfen wurde ich durch meine Erfahrungen als Rucksacktouristin. Ich konnte meine Reise bis zum Ende fortsetzen, obwohl mein Telefon kaputt gegangen war, es Sprachbarrieren gab und ich mit meiner Umgebung nicht vertraut war – alles nur dank der Freundlichkeit fremder Menschen. In Korea begegne ich solchen Herausforderungen nicht. Ich weiß, wie alles funktioniert, ich bin gesund und ich spreche Koreanisch.

Mir war nicht bewusst, inwiefern Menschen ohne meine Privilegien meine Hilfe brauchen könnten, bis ich mich selbst in einer Situation befand, in der ich auf Hilfe angewiesen war.

Meine Mutter sagte, ich würde es noch bereuen, Fremden zu helfen, denn sie könnten mir wehtun. Ihr sage ich: Wenn du älter bist, wird auch dir jemand wie ich helfen.

Wenn andere dich wiederholt ignorieren, obwohl du Hilfe brauchst, verschließt du dein Herz vor ihnen und bittest nicht mehr um Hilfe. In einer Welt, in der man einander nicht unterstützt und wo alle nur für sich selbst kämpfen, möchte ich nicht leben.

Ich brauche im Leben Sorge und Fürsorge. Ich glaube noch immer, dass der Mensch grundsätzlich gut ist.

Ich möchte der Beweis dafür sein, dass die Welt
noch immer Großzügigkeit wertschätzt,
und ich will an dem Glauben festhalten,
dass in der Stunde meiner größten Not irgendwer mir seine Hand reichen wird.

Bitte gib die erfahrene
Großzügigkeit weiter.

Sei kein Teil der »Tribute von Panem«

Der kürzliche Skandal um einen Hollywoodstar aktivierte viele ungläubige Fans, die schnell zur Stelle waren, um ihn zu verteidigen. Sie zweifelten die Geschichte nicht deshalb an, weil sie ihn für den Inbegriff von Tugend hielten, sondern weil er *ganz sicher* nicht so tief sinken und Sex mit dem Kindermädchen haben würde.

Vielleicht wettern wir gegen Diskriminierung und verlangen Gleichberechtigung, aber viel zu oft bedeutet das lediglich, dass wir nicht wollen, dass man auf uns herabsieht – nicht etwa, dass wir selbst nicht auf andere herabsehen.

Wie diskriminierend sind wir? Einmal habe ich den Fehler gemacht und in die Kommentarspalte eines Nachrichtenartikels geschaut. Ein Kommentator schlug vor, die Regierung solle die Jugendarbeitslosigkeit reduzieren, indem sie Universitäten in ländlichen Regionen schließe, wo Menschen vom Land Zugang zu höherer Bildung erhalten. Es ist schockierend genug, dass jemand ein solches Klassendenken öffentlich zur Schau stellt, doch dieser Kommentar wurde sogar an die Spitze des Rankings gewählt.

Ich musste an die *Tribute von Panem* denken, die dystopische Geschichte in der ›Tribute‹ einander bis zum Tod bekämpfen. Die Regierung des fiktiven Staates Panem entwarf dieses Spiel, um Angst zu schüren und ging sogar so weit, dies landesweit auszustrahlen.

Das Spiel rechtfertigt die Tötung von dreiundzwanzig Menschen, der Gewinner erlangt Ruhm und Reichtum. Die Spieler bilden schnell Allianzen und zielen zuerst auf die Schwächsten für deren Auslöschung. Mit dieser Strategie bleiben die Stärksten in Sicherheit – für den Moment. Denn am Ende wird nur einer überleben, und ebenso wie die Schwachen ausgelöscht werden, so ergeht es auch den Starken. Die Geschichte ist eine Allegorie des Neoliberalismus, in dem der Gewinner alles bekommt.

Wie auch im Film fühlen sich die stärkeren Menschen in unserer Gesellschaft vielleicht vorübergehend sicher, während die Schwächsten von einer Klippe gestoßen werden. Wenn wir jedoch nicht aufhören, Menschen von den Klippen zu stoßen, ist auch niemand davor sicher, selbst irgendwann gestoßen zu werden.

Manche sagen, politischer Wandel sei der einzige Weg zu einer besseren Welt. Definitiv brauchen wir in der Politik mehr Transparenz und Fairness. Um das zu erreichen, müssen wir uns jedoch erst solidarisch zusammenschließen und uns intensiver mit den Herausforderungen unseres Systems auseinandersetzen.

Nicht durch das Bestreben, einander gegenseitig auszulöschen, garantieren wir unsere Sicherheit, sondern indem wir uns gegenseitig schützen. Es reicht mit all der Diskriminierung und dem Wettbewerb.

Wenn du nicht aufhörst,
in diesem grausamen Spiel mitzuspielen,
bist du der Nächste, der stürzt.

Hier kommt ein neues Spiel.

Grünes Licht

Bitte hör auf.
Oder alle werden sterben.

 Erliege nicht der Ohnmacht

Einmal habe ich mit einer Freundin einen Kurztrip in eine andere Region Koreas gemacht. Wir kamen durch eine Gegend, die ich nicht kannte, schauten hoch zu den Appartements und dachten: »Die müssen teuer sein.« Woher wusste ich das? Das war ganz einfach. Die Gebäude waren neu und standen nahe dem Stadtzentrum, und der Komplex gehörte einer berühmten Firma. Nur ein paar Hinweise wie diese hatten gereicht, damit ich den Preis der Appartements einschätzen konnte.

Vor einiger Zeit stolperte ich über ein virales Posting mit dem Titel »Klassenvorhersage für die Republik Korea«. Es teilte das koreanische Klassensystem auf nach Einkommen, Anlagen, Automarke, Collegename, Hobbys und anderen sehr kleinteiligen Details. Wir kennen bereits die Memes, in denen ›Silberlöffel‹ und ›Drecklöffel‹ zur Illustration von Klassenunterschieden genutzt werden, aber dieses Posting war viel genauer.

Es machte mich ein wenig traurig. Seitdem Adam und Eva aus dem Paradies verbannt worden waren, gab es in der Gesellschaft immer Alleshaber und Habenichtse. Noch nie waren wir frei von Rängen oder Klassen.

Das Problem mit dem modernen Korea ist jedenfalls, dass unsere gesellschaftlichen Probleme inzwischen etwas zu offensichtlich geworden sind. Es ist eine Frage der Auflösung geworden. So wie eine höhere Pixelzahl auf einem Bild alles klarer erscheinen lässt, sind unsere sozioökonomischen Unterschiede immer schwerer zu ignorieren, während wir besser informiert sind. Inzwischen ist es ziemlich einfach, zu sagen, wie reich jemand ist und wo wir finanziell stehen. Dass lässt uns mit dem Gefühl der Minderwertigkeit oder dem Bestreben, die endlose Leiter der Klassen emporzuklettern, zurück.

Doch Anlagen und Autos und Erscheinungsbilder sind nur äußerliche Dinge. Unser Wesen als Mensch wird bestimmt von unserem Innersten, nicht von unserem Aussehen. Bei all diesen Urteilen über das Aussehen von Menschen leidet unser innerstes Selbst und wird schwach. Die Psychiaterin Jung Hye-shin warnt, je schwächer unser Selbst wird, desto anfälliger werden wir und gefährden unsere mentale Gesundheit.

Je mehr wir uns in den ›Erscheinungskriegen‹ übertreffen wollen und je mehr wir den prüfenden Blicken und Erwartungen der anderen entsprechen, desto mehr verlieren wir unser eigenes Leuchten und erkranken innerlich. Natürlich können wir nie völlig ausblenden, wie unsere Unterschiede immer deutlicher hervortreten, doch wir können uns bemühen, uns auf uns selbst als Menschen zu fokussieren. Wir müssen uns vertraut machen mit diesem einzigartigen Teil von uns selbst, der losgelöst ist von ökonomischer Klasse oder sozialem Status.

Wie im Laufe der Zeit jeder große Philosoph schon sagte, liegt unser großes Ziel in der Reise fort von den Ablenkungen, die uns umgeben, zu unserem wahren inneren Selbst.

Das ... ist es nicht, was er von dir verlangt.

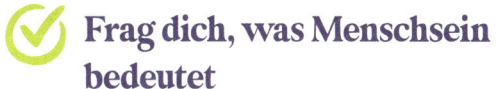

Frag dich, was Menschsein bedeutet

Es gab einen Zeitungsartikel über eine Angestellte in einem Appartementkomplex, die eine Gruppe Kinder, welche auf den Spielplatz des Komplexes gekommen waren, gegen deren Willen festgehalten hat. Sie erklärte, die Tatsache, dass die Kinder auf dem Spielplatz von jemand anderem spielten, sei eine Form von Raub, und sie beschimpfte die Kinder, rief die Polizei und weigerte sich dann noch, sich bei den Eltern der Kinder zu entschuldigen, mit der Begründung, ihr Handeln wäre gerechtfertigt gewesen.

Der Gedanke, dass ein Spielplatz nur den Menschen gehört, die um ihn herum leben, und dass jedes fremde Kind, das ihn nutzt, ihn widerrechtlich betritt – er lässt Raum für Diskussionen. Doch die Polizei wegen Kindern zu rufen, die nur spielen, das ist eine ganz andere Geschichte. Warum hat diese Person nicht innegehalten und nachgedacht, wie sehr das die Kinder verletzen oder gar traumatisieren würde? Es geht nicht darum, was legal ist. Wir müssen uns eine viel grundlegendere Frage stellen: Was bedeutet es, ein Mensch zu sein?

Jedwedes hochtrabende Gerede über Menschlichkeit wird leicht als naiv oder gar von Doppelmoral geprägt angesehen. Doch können wir diese Frage wirklich unbeantwortet lassen? Können wir je wahrhaft glücklich sein, wenn wir die Antwort nicht kennen oder wenigstens nach ihr suchen?

Ich bin ein Mensch mit vielen Fehlern. Ganz sicher bin ich niemand, der immer die richtige Entscheidung trifft, und es gibt Tage, da ist mir mein Verhalten peinlich.

Losgelöst von meinen Schwächen
werde ich mich auch künftig stets fragen,
was es bedeutet, ein Mensch zu sein.
Ich werde immer versuchen, mich zu entwickeln.
Ich werde immer versuchen, einen Weg zu
finden, um mit anderen zurechtzukommen.

Denn das bedeutet Menschsein für mich.

Du erkennst, was für ein Mensch jemand ist, nicht an seinem Besitz, sondern daran, wofür er sich schämt.

 Werde eine verlorene Seele

Im Film *Der Club der toten Dichter* gibt es einen Schüler namens Neil. Er wächst unter dem enormen Druck auf, Arzt zu werden, entdeckt aber seine wahre Leidenschaft, als er bei der Highschool-Produktion von *Ein Sommernachtstraum* das erste mal Theater spielt. Obwohl Neil die beste Zeit seines Lebens hat, während er seinem Talent und seinen Interessen nachgeht, befiehlt ihm sein Vater, das Stück aufzugeben und sich auf die Schule zu konzentrieren, andernfalls müsse er auf eine Militärakademie. Neil lehnt sich dagegen auf, doch als er das traurige, verzweifelte Gesicht seiner Mutter sieht, fügt er sich. Neils eigenes Gesicht verschließt sich, Hilflosigkeit und Verzweiflung zeigen sich klar in seinem Blick. Als er erkennen muss, dass er sich in allem dem Willen seines Vaters würde beugen müssen, nimmt er sich in der folgenden Nacht mit dessen Pistole das Leben. Wenn das Leben, in das du geboren wurdest, unerträglich und das Leben, das du führen willst, unerreichbar ist, bleibt dir nur Verzweiflung.

Der Psychiater Kim Hyeoncheol nennt Ungarn, Japan und Korea als diejenigen Länder, in denen »Abweichen nicht erlaubt sei«. Eine weitere Sache haben diese drei Länder noch gemeinsam: ihre hohe Selbstmordrate.

Wir glauben, Experimentieren ruiniert das Leben; es ist ein Tabu. Wir bezeichnen eigensinnige Jugendliche gar als »verloren«. Aufs College gehen, einen Job finden, heiraten, Kinder bekommen, ein Haus kaufen – all das müssen wir rechtzeitig erreicht haben, ohne auch nur einen Moment davon abzuweichen oder dabei sogar verloren zu gehen. Andernfalls ist man lebenslanger Kritik und sozialer Isolation ausgesetzt, allen voran von den enttäuschten Eltern.

Aus diesem Grund hat Korea die höchste Selbstmord- und die niedrigste Geburtenrate unter den Industrieländern. Die Gemeinsamkeit dieser beiden Statistiken liegt darin, dass sie zeigen, wie wir in den beiden wichtigsten Aufgaben des Lebens aufgegeben haben – beim Überleben und beim Fortpflanzen – und für wie wenig lebenswürdig wir Korea halten. Unsere Gesellschaft beurteilt uns danach, ob wir die von ihr vorgegebenen Stationen rechtzeitig passieren – schon die geringste Verspätung in diesem willkürlichen Fahrplan kann zu tödlicher Angst führen. Als Land haben wir viel härtere Zeiten durchlebt, und es gibt viele Staaten in schlechteren Umständen als den unseren – weswegen wir so klingen, als würden wir über Nichtigkeiten klagen –, doch wovor wir wirklich Angst haben, ist weniger der Absturz in die Armut als viel mehr Isolation und soziale Ausgrenzung. Nicht ökonomische Indikatoren des Wohlergehens, sondern die Doppelmoral unserer Gesellschaft bringt uns an den Rand und lässt uns verzweifeln.

Viele halten die Länder Nordeuropas für die glücklichsten. Doch Leo Bormans, Autor und weltweiter Botschafter für Glück und Lebensqualität, sagt, das Glück Nordeuropas hänge nicht am hohen Einkommen oder einem besseren Sozialsystem, sondern an gesellschaftlichen Freiheiten, Vertrauen und einer Kultur, die unterschiedliche Talente und Interessen respektiert.

Unser Land ist das genaue Gegenteil. Keine Freiheiten, jedem wird derselbe Lebensstil aufgezwungen und es mangelt an Vertrauen. Wie befreiend wäre es, wenn wir respektiert würden, egal, welches Leben wir leben und egal, wer zu sein wir uns entscheiden.

Die Freiheit, abzuweichen und zu erkunden, großzügig zu sein mit jenen, die abweichen und erkunden, sie ist so essenziell für das Glück wie ein starkes Sozialsystem. Dies ist nicht irgendeine akademische Theorie, sondern ein Schlüssel zum Glück, vielleicht sogar der wichtigste.

Toleranz und Großzügigkeit im Umgang miteinander sind es, die uns aus dem Unglück führen werden.

Hören wir gemeinsam auf, unglücklich zu sein.

TEIL 6

Checkliste für ein gutes und bedeutsames Leben

Glück entsteht aus der Fähigkeit, tief zu fühlen,
einfach zu genießen, frei zu denken,
riskant zu leben, gebraucht zu werden.

MARGARET STORM JAMESON

 Mach das Glück nicht zum Selbstzweck deines Lebens

In der Highschool mussten wir einen Vortrag halten zum Thema »Was ist das Ziel des Lebens?« Ich erinnere mich nicht an meine Antwort auf diese Frage, aber ich weiß noch, dass viele meiner Mitschüler ihren Vortrag über das Glück hielten. Ich glaube, selbst als Erwachsene würden die meisten Menschen Glück als ihr höchstes Ziel im Leben benennen.

Doch die Menschen sind keine wahnsinnigen Romantiker, stets auf der Suche nach ihrem Glück. Wären wir nur auf der Erde, um glücklich zu sein, warum ist dann nur eines unserer sechs Hauptemotionen Freude, Wut, Angst, Hass, Traurigkeit und Überraschung ein positives Gefühl? Von den Lehren Buddhas und Schopenhauers ganz zu schweigen …

Unglückliche Menschen bekommen das Gefühl, im Leben versagt zu haben, wenn andere dieses Ziel verkünden und vorgeben, dass ein vollkommen glückliches Leben möglich sei. Diese Einstellung bringt unglückliche Menschen dazu, so zu tun, als wären sie glücklich, und ihre Traurigkeit auf ungesunde Art und Weise zu unterdrücken.

Doch Traurigkeit ist natürlich. Wenn du die Bäder im Schloss von Versailles einfach schließt, nur weil sie nicht hübsch sind, musst du dich nicht wundern, wenn die Menschen sich in der Öffentlichkeit erleichtern und, naja, gelegentlich auch in etwas hineintreten.

Es ist besser, gelegentlich traurig zu sein. So, wie zu viele sonnige Tage Dürre bringen können, brauchen wir den Regen der Traurigkeit für unser persönliches Wachstum. Natürlich sollten wir versuchen, glücklich zu sein, und ich wünsche dir wirklich von Herzen Glück, doch der Zweck des Lebens wird immer das Leben selbst sein, nicht das Glück.

Jemand, der häufiger glücklich ist als unglücklich, kann als glücklicher Mensch bezeichnet werden. Wer aber ausschließlich glücklich sein will? Nur als besessen.

Wenn wir so glücklich wären, wie wir scheinen,
wäre die Welt das Paradies.

#Glücksnachweis #soverdammtglücklich
#glücklicherbeweis

 **Lebe leicht**

Als ich das erste Mal allein verreiste, unternahm ich eine vierwöchige Rucksacktour und hatte riesige Angst, zu viel gepackt zu haben. Drei Bücher und sogar zwei Sorten Lockenwickler. In der dritten Woche brachte mich die Erschöpfung vom Rumschleppen meines riesengroßen Gepäckstücks dazu, alles am Reisen zu hassen. Während ich am Flughafen saß und auf meinen nächsten Flug wartete, packte ich meine Tasche neu, nur mit dem Wichtigsten, und den Rest schmiss ich in den Müll. Trotz einiger Sorgen, dass ich diese Dinge später brauchen könnte, wurde meine Last leichter – buchstäblich und im übertragenen Sinn.

Auf dieser Reise habe ich eine Freundin kennengelernt und sie war bereits anderthalb Jahre unterwegs, mit nur einem Rucksack. Sie hatte nur das Wichtigste eingepackt und was sie sonst noch brauchte, kaufte sie vor Ort. Waren ihre Klamotten abgetragen, kaufte sie sich neue und entsorgte die alten. Für sie war das ein Teil des Spaßes am Reisen. Vielleicht packen wir viel ein, aus Sorge, nicht alles Nötige dabeizuhaben, doch am Ende brauchen wir bei Weitem nicht so viel. Vielleicht müssen wir hier und da mal etwas hinzukaufen, aber dieser geringe Aufwand ist meist dem Herumschleppen eines schweren Gewichtes vorzuziehen.

Das Leben ist eine lange Reise. Man muss sie mit leichtem Gepäck antreten, um sich nicht zu erschöpfen. Wenn du dich leichter fühlen möchtest, schau dir nochmal an, was du mit dir herumträgst, und bringe den Mut auf, ein paar Dinge loszuwerden. Das kann alles sein – von auf der Reise nie benutzten Gegenständen zu Sorgen über Situationen, die nie eingetreten sind; von Bedürfnissen, die das Leben unnötig schwer machen, zu Scham, wenn du nichts falsch gemacht hat; sogar belastende Beziehungen, die dich nur zermürben.

———

Wirf all das raus. Dieser Prozess
wird dich befreien.

»Willst du frei leben, wirf ab,
worauf du verzichten kannst.«
LEW NIKOLAJEWITSCH TOLSTOI

Bitte entsorge in den entsprechenden Mülleimer,
was du nicht mehr brauchst.

Bring Abwechslung
in dein Leben

Im Film *Oldboy* schließt Lee Woo-jin den Geschäfts-mann Oh Dae-su in einer Zelle ein und gibt ihm fünf-zehn Jahre lang nur gebratene Teigtaschen zu essen. Weshalb tat Woo-jin das? Er hätte ihn auch arbeiten lassen oder ihm gelegentlich gedämpfte Teigtaschen statt der gebratenen geben können. Doch jemand meinte, ich solle mir einen Hamster vorstellen, der in seinem Rad auf der Stelle rennt, auf die gleiche Weise am selben Ort sein gesamtes Leben lang. Hätte solch ein Hamster ein Gefühl für Zeit? Ein Leben, in dem ein Tag dem anderen gleicht, würde sich wie ein einziger Moment anfühlen. Indem er Daesu in diesen gleichen Ablauf einschloss, stahl ihm Woo-jin fünfzehn Jahre seines Lebens.

In einem Essay mit dem Titel *Long-Lifer* schrieb der Dichter und Essayist Pi Cheon-deuk: »Ein Mensch, der wie eine Maschine von Tag zu Tag gelebt hat, kann achtzig sein und dennoch ein sehr kurzes Leben gehabt haben.« Jeden Tag auf die gleiche Weise zu leben, ver-nachlässigt die unendlichen Möglichkeiten des Lebens und man verliert sein Selbst. Also mach dich auf und schau am Wochenende das Meer an, nimm nach der Arbeit einen anderen Heimweg, triff neue Menschen oder tu etwas, was du nie zuvor probiert hast. Lass deine Routinen los und versuch, dich selbst zu überraschen.

Der beste Weg, ein langes Leben zu leben, ist nicht, älter als achtzig zu werden, sondern so viele neue Erfahrungen wie möglich zu machen.

Verändere den Algorithmus deines Lebens.

 Werde nicht zu einer leeren Hülle

Als ich einmal eine Freundin in Australien besuchte, ging ich in einen Zoo. Während ich die Weite und natürliche Schönheit der Anlage bestaunte, lief eine Gruppe Jugendlicher an mir vorbei, die wie Abercrombie & Fitch Models aussahen. In Korea sind Zoos vor allem Orte für Familien mit Kindern, in Australien jedoch sind Zoos einfach weitere Plätze, wo junge Menschen rumhängen können. Auf dieser Reise lernte ich eine Australierin kennen, die mir erzählte, ihr Hobby sei Vogelbeobachtung. Wortwörtlich, das Anschauen von Vögeln. Mir ist bewusst, dass Vogelbeobachtung vielerorts beliebt ist, in Korea jedoch ist das gänzlich unbekannt.

Eine koreanische Freundin berichtete mir von einem australischen Teenager, den sie kannte und davon, wie sehr dieser sich auf Weihnachten freute und darauf, wie viel Essen seine Großmutter zubereiten würde und dass die ganze Familie zusammenkäme und eine tolle Zeit verbrächte.

Ich sollte das nicht verallgemeinern, doch viele Australier scheinen gern in der Natur zu sein und Zeit mit ihren Familien zu verbringen. Während Koreaner die Feiertage in erster Linie aus Verpflichtung mit ihren

Familien verbringen und Weihnachten nur ein Tag ist, an dem wir versuchen, nicht zu traurig und allein zu Hause zu sein.

Der koreanische Titel des Buches *Korea: The Impossible Country* von Daniel Tudor heißt übersetzt *Land der Wunder, Land der verlorenen Freude.* Offenbar haben wir den Kontakt zu den Freuden und Vergnügungen des Alltags verloren, weil wir unser Wirtschaftswunder erreichen wollten. In den Zoo zu gehen oder Vögel zu beobachten oder mit der Familie gemeinsam zu essen, gilt bei uns schlichtweg nicht als Freude.

Unser Gefühlsleben ist zu leeren Hüllen verkommen und Vergnügen ist nur etwas, womit wir die harte Arbeit des Tages oder der Woche ausgleichen. Dazu fällt mir ein, wie Psychopathen aus Mangel an Emotionen keine Freude fühlen und deshalb nach Erfahrungen von immer größerer und stärkerer Intensität jagen, mit zugleich abnehmender Befriedigung.

Ein einfacher Weg, um wieder Verbindung mit den Vergnügungen aufzunehmen, ist es, die kleinen Freuden in deinem Vorgarten wahrzunehmen und die natürlichen Rhythmen des Lebens wertzuschätzen.

So zeitig wie möglich in unserem Leben müssen wir lernen, Freude aus einfachen Aktivitäten zu ziehen, die nicht viel kosten. Das heißt nicht, dass man ein Geizkragen sein oder armselig leben soll, sondern einfach das Glück auf einfachere Art und Weise suchen.

Finde Freude in deinem gegenwärtigen täglichen Leben.

Jetzt ist der Moment, deine Kreativität und Vorstellungskraft für dein besseres Wohlgefühl einzusetzen.

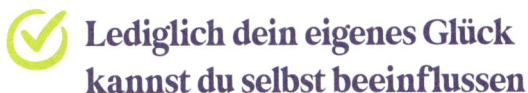

Lediglich dein eigenes Glück kannst du selbst beeinflussen

Ein paar Jahre nach mir wurde meine jüngere Schwester geboren. Sie war so etwas wie ein Abschlussprojekt für meine Eltern. Meine Mutter sagt immer, sie wäre erst glücklich, wenn meine Schwester sich im Leben eingerichtet hätte. Sicher geht es allen Eltern so, dennoch finde ich das traurig.

Ich möchte, dass meine Mutter aus sich selbst heraus glücklich ist, dass ihr Glück in ihren eigenen Händen liegt, unabhängig vom Glück meiner Schwester. Stattdessen ist es, als hätte sie ihr Glück vor der Haustür abgestellt und wartete nun darauf, dass jemand klingelt, damit sie öffnen und es hereinlassen kann.

Und wie fühlt sich meine Schwester dabei? Ihr Unglück wird zum Unglück meiner Eltern. Es ist schwer genug, ihre eigene Freude zu finden, doch wenn sie darin scheitert, fühlt sie sich schuldig, dass ihr Scheitern unsere Eltern von ihrem Glück abhält. Wenn wir uns stets nur um das Glück der anderen sorgen, dann ist niemand glücklich.

Wie durchbrechen wir diesen Kreislauf? Selbst wenn das Problem gegenseitiger Fürsorge entstammt, müssen wir letzten Endes die Tatsache akzeptieren, dass jedes Individuum sein Glück selbst in der Hand hat.

Wir sprechen oft davon, diejenigen, die wir lieben, glücklich machen zu wollen, doch wenn du nicht irgendeine Art von emotionalem Hausmeister bist, kannst du nie sicherstellen, dass alle immer glücklich sind, und niemand kann sicherstellen, dass du immer glücklich bist. Das Glück anderer liegt außerhalb unserer Kontrolle, und jeder ist für sein eigenes Glück verantwortlich. Also vernachlässige das deine nicht.

So sehr wir einander lieben und umsorgen
sollten, ebenso sehr sind wir letztendlich
verantwortlich für unser eigenes Glück.
Bitte sei selbstständig glücklich.

*Ich habe hart gearbeitet,
habe Schwierigkeiten über-
wunden und bin meinem
Gewissen gefolgt.
Ich habe das Recht auf Glück.
Wir alle haben das.*

Sei dir dessen bewusst, was du gewonnen hast

Manchmal treffe ich auf Menschen, die in jedem Job unglücklich sind, ganz gleich welcher das gerade ist. Ihr Chef ist furchtbar oder sie sind unterbezahlt oder in der Firma gibt es keine Zukunft – ihr Klagelied ist endlos.

Offenbar träumen sie von einem endlosen Paradies, doch leider gibt es den perfekten Job nicht: ein Job, in dem du gebraucht und vernünftig bezahlt wirst, Spaß und einen anständigen Chef hast und eine Perspektive siehst.

Meist treffen wir unsere Auswahl auf Basis eines begrenzten Angebots. Ein Leben kann man nicht so einkaufen wie wir es in einem großen Supermarkt tun würden. Wichtiger als die Antwort auf die Frage: »Was gewinne ich dadurch?« ist die Antwort auf die Frage: »Was bin ich bereit, aufzugeben?«

Oftmals muss man entscheiden, was das geringere Übel ist: ein niedrigeres Gehalt oder ein strenger Chef, eine Lücke im Lebenslauf oder weniger Zeit mit deinem Kind, nicht die Arbeit zu machen, auf die du Lust hast, oder eine unzuverlässige Bezahlung?

Nur den Umkehrschluss zu ziehen, nämlich was du verlieren würdest, wird dich in Reue ersticken lassen. Wenn du nicht bereit bist, etwas aufzugeben, kannst du auch niemals etwas gewinnen.

Es macht mir Angst, aber weil ich mich dafür entschieden habe, bereue ich nichts.

 Verabschiede die Vergangenheit

Meine Lehrerin in der zweiten Klasse hatte Lieblingsschüler, die sie im Unterricht ständig aufrief und verhätschelte. Dadurch fühlte ich mich immer wie ein Statist im Film eines anderen. Ihre Bevorzugung muss wirklich offensichtlich gewesen sein, wenn sie sogar mir als Kind auffiel.

Später erfuhr ich, dass diese Lehrerin berüchtigt dafür war, Bestechung anzunehmen. Einmal bestellte sie meine Mutter für ein Gespräch ein, und als meine Mutter mit leeren Händen erschien, schalt sie sie. Es gab wohl doch einen Grund für ihre Vorlieben. Damals wusste ich nicht, dass Erwachsene so bösartig sein können. Ich dachte einfach: »Wahrscheinlich mag sie mich nicht«, und diese Traurigkeit blieb lange in mir.

Es gibt so viele schreckliche Menschen auf dieser Welt. Sie verletzen uns in der Kindheit und manchmal verheilen diese Wunden nicht einmal, wenn wir schon erwachsen sind. Es ist nachvollziehbar, auf diese furchtbaren Menschen aus unserer Vergangenheit zu zeigen, wenn wir nach den Ursachen unserer heutigen Probleme suchen. Wegen unserer Lehrerin aus der zweiten Klasse fehlt es uns an Selbstsicherheit, oder wir haben zu wenig Selbstbewusstsein aufgrund der Erziehung durch unsere Eltern, oder wir leiden unter Minderwertigkeitskomplexen, weil wir gemobbt wurden.

In Ordnung. Doch wir schauen nicht deshalb in die Vergangenheit, um sie auf die Gegenwart zu projizieren, weil wir irgendeine Form nachträglicher Wiedergutmachung für unsere traumatischen Erlebnisse erhalten möchten oder weil wir aufmerksamkeitshungrige Dramaqueens sind, sondern weil wir die Kausalkette durchtrennen und weiterziehen wollen.

Es gibt viele armselige, unbeholfene und unreife Menschen, und wenn du genug Pech hast, dann triffst du sie. Doch in Wahrheit – so habe ich es in meiner Vergangenheit entdeckt – war meine Lehrerin nur ein armseliges menschliches Wesen, meine Eltern waren einfach unbeholfen und unerfahren, und meine Mobber waren schlicht unreif. Ich war einfach noch zu jung, um diese Wahrheiten als solche zu erkennen.

Doch wir sind keine Kinder mehr und haben uns das Recht verdient, weiterzuziehen.

Wenn du nicht mehr in der Vergangenheit leben möchtest, tröste die zerbrechliche Person, die du einmal warst und verabschiede dich von denen, die unreif waren oder es gar immer bleiben werden.

Jetzt ist alles gut.

Umarme das Ich, das deine ganze Vergangenheit durchlebt hat.

 Lass Platz für Fehler

Grafikdesigner arbeiten mit etwas größeren Drucken, als sie wirklich brauchen, um Raum für eventuelle Zuschnittfehler zu lassen. Jahrelange Erfahrung hat uns gelehrt, Toleranzbereiche einzubauen.

So sollte auch das Leben sein. Niemals kann unser Leben so akkurat sein, wie wir es gern entwerfen würden. Manchmal stecken wir enorme Mühe in Dinge, die sich dann als unwichtig herausstellen, und es gibt immer überflüssige Momente, ganz gleich wie vorsichtig wir sind. Das Leben bleibt nie präzise in einer Spur, und es ist auch nicht immer effizient. Anstatt uns jedoch selbst zu kasteien oder unser Handeln zu bereuen, sollten wir uns einfach Raum für Fehler lassen, so als kalkulierten wir eine »Schusselgebühr« für Fehler mit ein.

Nicht immer tun wir das Klügste, und manchmal gehört Schusseligkeit einfach dazu. Das Leben kann nicht immer supereffizient sein. Es ist unser erster Versuch mit diesem Leben – und nur Versuch macht klug.

Eine höhere Akzeptanz von Unzulänglichkeiten und Fehlern wird uns großzügiger und freier machen.

Akzeptiere dich selbst

Einmal begegnete ich einem Karrierecoach für Erwachsene. Zu seinen Klientinnen und Klienten gehören Menschen, die gemeinhin als Genies gelten. Doch anders, als wir annehmen, sind auch deren Leben alles andere als einfach.

In ihrer Schulzeit hagelte es schlechte Noten, denn sie konnten nur schwer Dinge auswendig lernen. Selbst Thomas Edison verstand nicht ohne Weiteres, weshalb eins plus eins zwei ergeben soll. Diese Menschen finden oft nur schwer einen Job, in dem ihr Genie geschätzt wird; oft sind ihnen »normale« Jobs unerträglich, das geht bis zu dem Punkt, an dem sie Antidepressiva nehmen müssen, um überhaupt arbeiten zu können. Von den Menschen in ihrem Umfeld bekommen sie zu hören: »Nicht jeder kann den Job bekommen, auf den er Lust hat.« Oder auch: »Jeder andere hat es ebenso schwer wie du, damit bist du schließlich kein Einzelfall.« Und diese Worte rufen bei ihnen das Gefühl von schlechtem Gewissen oder gar Scham hervor. Sie beginnen zu denken: »Alle anderen kommen zurecht, warum fällt mir das Leben so schwer?« Natürlich erleben wir nicht alle die gleichen Hürden. Manche Menschen finden den Umgang mit anderen schwierig, genauso wie andere Dauerlauf. Wir sind alle unterschiedlich.

Wenn dir etwas besonders schwerfällt, bedeutet das nicht, dass du etwas falsch machst, dich zu schnell beschwerst oder nicht mithalten kannst – es liegt nur daran, dass es dir nicht leichtfällt. Ebenso wenig wie dein Fuß etwas dafür kann, wenn der sehr angesagte Schuh, den du anprobiert hast, ihm nicht passt.

Sei nicht zu hart zu dir, wenn du etwas schwerer findest. Die Sache wird erschwert durch deinen Mangel an Bewusstsein für deine eigenen Fähigkeiten und Begabungen. Es macht dich weder schwach noch unfähig, wenn du versuchst, dich zu verstehen und Hilfe suchst.

Stattdessen zeigst du, dass du die quälende Selbstbeurteilung und unnötige Schuld loswerden und dich als du selbst annehmen möchtest.

Dafür musst du dich selbst verstehen und einen Lebensweg finden, der wirklich zu dir passt.

Selbst wenn das bedeutet, von Zeit zu Zeit missverstanden zu werden, du schuldest dir selbst, dich zu verstehen und zu erkennen, was dich ausmacht.

Es gibt ein koreanisches Buch mit dem Titel *Ich unterstütze dich, ganz gleich wie du lebst.*
Doch die Unterstützung, die du am dringlichsten brauchst, kommt aus dir selbst.
Sage dieser einen Person, die bis zum allerletzten Atemzug deines Lebens immer bei dir sein wird:

ICH UNTERSTÜTZE MICH,
GANZ GLEICH WIE ICH LEBE.

Sei interessiert an deinem eigenen Glück

Eine Zeit lang habe ich ein »Unglücksbüchlein« geführt, in dem ich meine Gefühle während verzweifelter Momente festhielt und in dem ich dann las, wenn es mir besser ging. Das half mir, zu sehen, wie irrational und extrem mein Denken war, wenn ich deprimiert war.

Doch nachdem ich ein paar Mal in das Büchlein geschrieben hatte, kam es mir vor, als sei ich ständig unglücklich. Schließlich machte ich daraus ein »Glücksbüchlein« in dem ich meine Gefühle während glücklicher Momente oder nachdem die Verzweiflung überwunden war, festhielt.

Diese Eintragungen waren hilfreicher und ermöglichten mir, zu sehen, wie depressive Gefühle mit der Zeit vorübergingen.

Die Menschen sagen, sie möchten glücklich sein, doch nur wenige geben sich die Mühe, zu verstehen, was sie wirklich glücklich macht. Glück wird einem nicht einfach auf dem Silbertablett serviert, manchmal muss man ihm erst auf die Spur kommen.

Es gibt so viele Dinge, die du tun kannst, um dein Leben zu verbessern, doch wichtiger als die Kenntnis deines Persönlichkeitstyps oder zu wissen, wie man bestimmte Gewürze aufbewahrt oder seine Steuern erledigt, ist, zu wissen, was dich glücklich macht, was dir bei Traurigkeit hilft, dich lebendig fühlen lässt – das Knowhow des Glücks selbst.

Willst du glücklich sein, interessiere dich für das, was dich glücklich macht.

 **Liebe das Unperfekte**

*Vielleicht idealisieren wir das Perfekte,
aber wir lieben das Unperfekte.*

 VS

 VS

 VS

 VS

 Frag dich, wie du leben willst

Lange Zeit fragte ich mich, ob das Leben zum Genießen oder als Vehikel für das Streben nach Sinn da sei. Eine klare Antwort zu finden war schwer.

Anfangs verstand ich nicht, was es bedeutete, im Leben einen Sinn zu finden. Alles schien so vage, eine abstrakte Vorstellung, losgelöst von der Realität. Ich gab diese erschöpfende Mission auf und entschied mich dazu, stattdessen das Leben zu genießen, jeden Moment so genussvoll wie möglich zu leben. Und eine Zeit lang lief das ziemlich gut.

Ich achtete vor allem auf die Dinge, die für die meisten Menschen die wichtigsten im Leben sind, Dinge, die problemlos in die Hauptkategorien Arbeit, Beziehungen, Vergnügen und körperliche sowie mentale Gesundheit passen. Ich weigerte mich, mich um Dinge zu sorgen, die noch nicht geschehen waren und fand etwas, das ich tun *wollte* und *konnte*, also *tat* ich es. Wollen + Können = Tun. Es war harte Arbeit, diese Gleichung zu lösen.

Es machte Spaß und war befriedigend, zu sehen, wie die Dinge sich fügten. Auf diesem Weg traf ich Menschen, denen ich vertraute und die auf einer Wellenlänge mit mir waren, ich nahm Abstand von jenen, die mir unwichtig geworden waren oder mit denen zusammen zu sein unangenehm war, und ich schwor mir, niemals wieder Menschen Aufmerksamkeit zu schenken, die auf mich herabsahen.

Ich verbrachte Zeit damit, die Freude in meinem Leben zu suchen. Mehrfach am Tag schaute ich nach oben zum Himmel, um seine Schönheit zu bewundern. Ich stellte mich meinen Problemen und löste sie. Ich strebte nach Gesundheit. Mein Leben wurde klarer und leichter, je mehr ich mich von den Erwartungen anderer distanzierte.

Dennoch fragte ich mich weiterhin, ob ich mein Leben richtig lebte. Es genügte nicht, dass ich mir selbst so treu wie möglich war. Ich ging zurück auf Start und überdachte den Zweck meines Lebens. Seinen *Sinn*.

Wodurch wird ein Leben *sinnvoll*? Nach viel Grübelei kam ich zu dem Schluss, es gehe darum, auch über sich selbst hinauszuschauen und einen Beitrag zur Gesellschaft zu leisten. In diesem Buch habe ich Mut gemacht zu politischem Engagement, denn ich halte die Lösungen unserer gesellschaftlichen Probleme für Erweiterungen der Lösungen unserer individuellen Probleme.

Doch das ist nicht der einzige Grund, weshalb wir unseren Beitrag für die Gesellschaft leisten sollten. Wie Aristophanes über die Liebe sagte: »Wir brauchen andere, um uns zu vervollständigen.« Wir finden unseren Sinn, wenn wir erkennen, welchen Wert wir in unsere Beziehungen einbringen. Natürlich bedeutet das nicht, dass wir unser gesamtes Leben opfern und in den Dienst für andere stellen sollten. Es bedeutet, wir sollten tun, was wir können, um unsere Kernwerte zu erkennen und zu versuchen, diese innerhalb des Kontextes unserer Gesellschaft zu verkörpern.

In meinem Fall wollte ich die Welt ein wenig besser machen, als sie schon war. Ich wollte eine Welt, in der Armut die Menschen nicht zwingend in die Verzweiflung stürzt. Ich wollte die Welt etwas freundlicher machen. Ein Grund, weshalb ich Lieferanten immer etwas zu trinken anbot, wenn sie bei mir klingelten, war – auch wenn die Geste nur klein ist –, weil ich eine Welt wollte, in der wir noch immer Dankbarkeit leben. Ich spendete für Kinderprojekte und bemühte mich sehr, andere nicht zu verletzen. Mit diesem Buch wollte ich wenigstens einen kleinen Anteil an der Verbesserung des Lebens der Menschen haben.

Die Menschen – auch ich – werden sich weiterhin fragen, wie wir leben sollen. Im Moment lautet meine Antwort: sich selbst so treu wie möglich bleiben. Die

Dinge nicht zu kompliziert machen. Hart arbeiten und mit geliebten Menschen gut kommunizieren. Gutes Essen genießen, gute Musik hören, gute Bücher lesen und an einem schönen Tag die Sonne genießen. Die Wärme solcher Tage ist vielleicht alles, was ein gutes Leben ausmacht.

Und wenn möglich, gehe einen Schritt auf ein sinnvolles Leben zu. Wir mögen nicht viel mehr als Staub in diesem riesigen Universum sein, aber wir können dennoch die Bedeutungslosigkeit überwinden und unsere Würde bewahren.

Ich möchte auf mein Leben stolz sein, ungeachtet dessen, was die Gesellschaft als Erfolg bezeichnen mag.

Wahre Selbsteinsicht bedeutet nicht die
Verwandlung deiner selbst in etwas
Besonderes, sondern die Erkenntnis,
dass du bereits die ganze Zeit besonders bist.

 Lebe wie die Erwachsenen

Als ich klein war, schien mir meine Mutter der stärkste Mensch der Welt zu sein. Rückblickend war sie einfach nur eine Frau in den Dreißigern. Die Welt muss hart und beängstigend für sie gewesen sein, aber zum Wohl der Menschen um sie herum musste sie sich wie eine Erwachsene benehmen.

Heute bin ich selbst erwachsen und niemand lobt mich mehr für all die Dinge, für die ich als Kind noch Lob bekam, wie gut zu essen und gut zu schlafen. Ich kann mich nicht darüber beschweren, kein Taschengeld von meinen Eltern zu bekommen, sonst stecken sie mich in eine Zwangsjacke. Es ist nicht immer leicht, zu wissen, dass ich erwachsen sein muss, wenn ich noch immer wie ein Kind beschützt werden möchte. Doch in diesem Alter kann ich mir nicht einfach ein Paar grüner Strumpfhosen anziehen und erklären, ich sei Peter Pan.

Man muss also erwachsen werden, selbst wenn das die erschöpfendste Sache aller Zeiten ist, und sei es nur, um Essen auf den Tisch zu bekommen. Und wenn du weiter vorgibst, erwachsen zu sein, so wie es unseren Eltern gelungen ist, wirst du es vielleicht tatsächlich irgendwann.

Nachwort

Als Erwachsene habe ich die Welt als kalten und grausamen Ort erkannt. Ihre Sitten sind völlig absurd und die Menschen so wertend, dass selbst die Mittelmäßigen unter uns es genießen, auf andere herabzuschauen. Lange machte ich mir große Sorgen um mein fehlendes starkes Sicherheitsnetz, also ignorierte ich meine wahren Bedürfnisse, um Geld zu verdienen.

Doch irgendwann verstand ich, dass ich nicht ein weiterer armseliger und zynischer Schatten sein wollte, der durch diese grausame Welt schlich.

Also überlegte ich, wie ich mein Leben leben sollte und stellte mir viele Fragen. Wofür musste ich *wirklich* Scham fühlen, und wo war Scham völlig fehl am Platz? Wo lagen meine größten Unsicherheiten? Was könnte man durch Herabsetzung und Diskriminierung gewinnen? Und warum waren so viele Menschen so unglücklich?

Auf meiner Suche nach Antworten verstand ich, dass Unglück und Angst durch soziale Beziehungen entstehen können, nicht nur durch neurochemische Ungleichgewichte in unserem Gehirn. Neben der Überlebensangst haben Misstrauen, Hass und das Gefühl der Rivalität

mit anderen, die Luft, die wir atmen, vergiftet und uns dazu gebracht, uns für Dinge zu schämen, wo wir es nicht bräuchten, eingeschüchtert zu sein von Dingen, die uns nicht einschüchtern sollten und neurotisch wetteifernd, damit niemand auf uns herabschaut.

Im Zustand dieser ständigen Anspannung erschöpfen wir uns, weil wir uns an Dingen die Schuld geben, über die wir nicht einmal richtig nachdenken konnten. Mit diesem Buch will ich vermitteln, dass all diese Ängste und Schuldgefühle unnötig sind. Ich möchte denjenigen Unterstützung geben, die gefangen sind in der Einsamkeit des Misstrauens und ihnen zeigen, dass es noch immer Menschen gibt, die sich nach einem menschlicheren Leben sehnen.

In unserer zynischen Welt müssen wir lernen, uns selbst und denen, die uns wichtig sind, mehr Aufmerksamkeit zu schenken. Wir müssen aber auch Unrecht und Grausamkeit bekämpfen, wenn wir an unserer Menschlichkeit festhalten möchten und sowohl um unserer selbst willen als auch zum Wohl der anderen unseren Teil beitragen zur Schaffung einer besseren Welt. Für jeden von uns, während wir lernen, nicht zu neiden, wer wir nicht sind, den kalten Blick der Außenwelt auszuhalten, zu leben, wie wir sind – ich hoffe, dieses Buch hat dir ein wenig Freiheit gegeben, du selbst zu sein.

Ich wünsche uns allen nur das Beste.

Danksagung

Ursprünglich wollte ich ein einfach zu lesendes Sozialpsychologiebuch schreiben. Doch das war so schwierig, dass ich bald bereute, jemals Schriftstellerin geworden zu sein. In sieben von acht Stunden riss ich mir die Haare aus und eines Nachmittags ging ich sogar auf den Hügel hinter meinem Haus und ließ einen Urschrei los. Zuallererst möchte ich mir selbst, Kim Suhyun aus der Provinz Gyeonggi, dafür danken, dass ich trotz allem dieses Buch fertiggestellt habe.

Viele Menschen halfen mir beim Schreiben dieses Buches. Von den vielen Titeln, die ich las, waren Kim Taeyoungs *Traumatic Korean Society* und *Society of Amplified Anxiety*, Alain de Bottons *Statusangst*, Kang Joomans *No More Underdogs*, Richard Nisbetts *The Geography of Thought*, Seo Eunguks *The Origin of Happiness* und Nathaniel Brandens *Die 6 Säulen des Selbstwertgefühls* für mich die wichtigsten. Sie wurden zur Grundlage des Buches, das du jetzt in der Hand hältst. Ich bin diesen Autorinnen und Autoren sehr dankbar und empfehle euch all diese Bücher für eine weitere Lektüre.

Ein persönlicher Dank geht an meine Familie und meine liebenden Freunde und Bekannten für ihre Unterstützung und ihren Respekt. Ganz besonders an Yurim, Hyeonji, Yumin und Eunhye für ihr fantastisches Feedback zu meinen ersten Entwürfen, und an meine ältere Schwester, der besonderer Dank gebührt.

Dieses Buch wurde zudem von seinem Verleger, Kwon Daewoong von Oceans of the Mind, ermöglicht, der sich für eine Veröffentlichung entschieden hat, genau wie die Durchstarter Heeyoung, Boram mit dem schönen Lächeln, der freundliche Gwanpyo und Mr No, der immer so viel zu tun hat.

Sehr wichtig war für mich auch der Zuspruch, den ich in den Sozialen Medien erfahren habe. Während der anderthalb Jahre des Schreibens an diesem Buch habe ich auch dank vieler Lesender durchgehalten.

Diese Unterstützung möchte ich zurückgeben an all jene, die dieses Buch bis zu den Danksagungen gelesen haben.

Für euch habe ich dieses Buch geschrieben. Leben – lasst uns das Beste daraus machen!

Kim Suhyun ist eine südkoreanische Illustratorin und Autorin. Mit ihrem Buch ›I decided to live as me‹ trifft sie das Gefühl, den Anforderungen und dem Druck einer rasanten Welt nicht gerecht zu werden. In Japan und Südkorea erreichte sie damit schon ein Millionenpublikum.

© 2024 dtv Verlagsgesellschaft mbH & Co. KG, München
© Kim Suhyun
Titel der englischen Ausgabe: ›I decided to Live as Me.
How to Stop Comparing Yourself to Others So You Can
Learn to Love Yourself‹
Aus dem Koreanischen ins Englische übersetzt von Anton Hur
This edition published 2024 by arrangement with Penguin Life,
an imprint of Penguin Publishing Group, a division of Penguin
Random House LLC.
Umschlaggestaltung: SERIFA, Christian Otto
Umschlagillustration und Illustration: Kim Suhyun
Satz: Nadine Clemens, München
Gesetzt aus der Clarika Office
Druck und Bindung: Friedrich Pustet, Regensburg
Printed in Germany · ISBN 978-3-423-35245-1